AF525753

PAWEŁ PIOTR RESZKA

Schürfplätze

Reihe Zeitgeschichte*N*

Herausgegeben von
Sonja Häder und Ulrich Wiegmann

Band 26

PAWEŁ PIOTR RESZKA

Schürfplätze

Grabraub in Bełżec und Sobibór

Aus dem Polnischen übersetzt von Steffen Hänschen

(M) | METROPOL

Titel der polnischen Originalausgabe
Paweł Piotr Reszka, Płuczki. Poszukiwacze żydowskiego złota,
Warszawa: Agora SA 2019
© by Agora SA 2019
© by Paweł Piotr Reszka 2019

Lektorat: Klaus-Peter Friedrich

ISBN: 978-3-86331-657-0

© der deutschen Lizenzausgabe 2022:
Metropol Verlag
Ansbacher Str. 70
D–10777 Berlin
www.metropol-verlag.de
Alle Rechte vorbehalten
Druck: Arta Druck, Berlin

Inhalt

„Da haben Leute gegraben, mit kleinen Stöcken, Harken, Gold haben sie gesucht“[1]

Vorwort

Juni 1998. Gedenkstätte Bełżec in Polen. Die 33 Teilnehmer der ersten Bildungsreise des Bildungswerkes Stansław Hantz e. V. zu den Mordstätten der „Aktion Reinhardt“ besuchten den Ort, an dem über 450 000 Jüdinnen und Juden ermordet worden waren. Das Gelände der Gedenkstätte war vernachlässigt, ein Museum gab es nicht. Das zentrale Monument der Gedenkstätte war verrottet. Alles wirkte so, als ob es kein Interesse an dem Ort gäbe, weder in der Region, in Polen, in Deutschland noch überhaupt in Europa. Bei jedem Schritt konnte auf dem Boden ein Stück Knochen zum Vorschein kommen. Winzige Teile, aber auch größere: letzte Spuren von Menschen, die im Vernichtungslager Belzec getötet worden waren. Von welchem Menschen war das Knochenstück? Von einem Schüler aus Lublin, von einer Rentnerin aus Lemberg oder von einem Buchbinder aus Krakau?

Mit diesen Gedanken beschäftigt, kehrten die Teilnehmer zum Bus zurück, der sie in das Hotel nach Zamość fahren sollte. Nachdem der Fahrer den Motor gestartet hatte und der Bus auf die Verbindungsstraße Lemberg–Lublin rollte, griff der Fremdenführer zum Mikrofon und machte auf die gut renovierten Häuser im Ort Bełżec aufmerksam. Er erzählte, dass die Renovierung mit dem Geld von Wertgegenständen der ermordeten

1 Bronisława P., S. 19.

Jüdinnen und Juden finanziert worden sei, die vom Gelände der ehemaligen Mordstätte stammten.

An diesem Spätnachmittag im Juni 1998 hörten wir zum ersten Mal diesen Begriff: *Hyänen*. Damit waren Polen gemeint, die an Orten des Holocaust den Boden auf der Suche nach Wertgegenständen durchwühlt hatten. In der polnischen Umgangssprache, in Zeitungsartikeln und Gerichtsverfahren hatte sich diese Bezeichnung etabliert. Die Zuhörer nahmen die Ausführungen ihres Fremdenführers schweigend zur Kenntnis, sie waren noch zu sehr mit den Eindrücken des Besuchs der Gedenkstätte Bełżec beschäftigt. Beim abendlichen Bier im Hotel in Zamość wurden die *Hyänen* jedoch schnell zum Gesprächsthema Nr. 1. Unterschiedlichste Meinungen stießen aufeinander. Einige empörten sich über die Grabräuber und konnten nicht fassen, wie Menschen die Massengräber aufwühlen konnten. Andere hielten ihnen entgegen, dass uns als Deutschen eine solche Kritik nicht zustehe. Schließlich waren unsere deutschen Großväter dafür verantwortlich, dass sich die jüdischen Wertgegenstände im Boden von Bełżec befanden. Wieder andere meinten, dass nach all dem Leid, das Polen während der deutschen Besatzung hatte erdulden müssen, die Deutschen schön ruhig bleiben sollten. Schließlich gebe es in Deutschland ja auch Militaria-Sammler, die im Boden von Gedenkstätten nach Gegenständen suchten. So unterschiedlich die Meinungen auch waren, es standen mehr Fragen als Antworten im Raum. Wer waren diese *Hyänen*, wie viele gab es, und, und …?

Seit diesem Tag im Juni 1998 war das Thema der *Hyänen* bei unseren Aufenthalten im ehemaligen Distrikt Lublin stets gegenwärtig. Immer wieder kam die Sprache auf sie. So berichtete uns einmal eine ehemalige Schülerin aus der Umgebung von Bełżec, dass Jugendliche, die mit neuer Kleidung in die Schule kamen, noch in den 1980er-Jahren von ihren Mitschülern den lockeren Spruch zu hören bekamen: „Ihr habt wohl in Bełżec gegraben.“

Im Laufe der Jahre machten wir die Erfahrung, dass die *Hyänen* nicht nur für die Teilnehmer unserer Bildungsreisen, sondern auch für die polnischen Gesellschaft eine Herausforderung sind. Lange Zeit wurden sie in der offiziellen Geschichtsschreibung verschwiegen oder, wenn die Sprache doch auf sie kam, als kriminelle Einzeltäter verharmlost. So wurde uns in Bełżec einmal erzählt, dass die *Hyänen* keine Polen, sondern Ukrainer gewesen seien, die nach dem Krieg in Bełżec darauf gewartet hätten, in die Sowjetunion repatriiert zu werden. Genaueres aber war nicht zu erfahren. Offensichtlich war es nicht einfach, diese Geschichte aufzugreifen, geschweige denn, sie zu erforschen. Auch in den wenigen Fällen, in denen der Grabraub thematisiert wurde, blieb es ein Rätsel, welchen Umfang die Suche nach dem jüdischen Gold in den Massengräbern hatte, wie lange in den Massengräbern gewühlt wurde und wie viele Menschen daran beteiligt waren.

Erst nach dem Jahr 2000 begannen Historiker und Historikerinnen, sich mit dem Grabraub an den Stätten des Massenmords an der jüdischen Bevölkerung öffentlich auseinanderzusetzen. So zitierte Robert Kuwałek in seiner Monografie über das Mordlager Belzec den Journalisten Andrzej Mularczyk, der das ehemalige Lagergelände in den 1950er-Jahren beschrieb. Dabei kritisierte Mularczyk nicht nur das fehlende Gedenken an der Stätte des Massenmords, sondern befasste sich auch mit den *Hyänen*, die sich selbst „am helllichten Tag auf der Straße bei der Bahnstation [zeigten], sie trugen Schaufeln auf dem Rücken, so wie Erntearbeiter Sensen tragen“.[2]

2 Andrzej Mularczyk, Bełżec – kopalnia złota. Reportaż z pustego pola, in: Świat (1956) 17, S. 4 f.

2006 veröffentlichte Martyna Rusiniak schließlich Informationen zu dem Grabraub auf dem Gelände des ehemaligen Mordlagers Treblinka.[3] Aufsehen erregte ein Foto, das etwa 40 Grabräuberinnen und Grabräuber zeigt, die in den späten 1940er-Jahren in Treblinka von der Bürgermiliz[4] auf frischer Tat erwischt worden waren.[5] Jan Tomasz Gross befasste sich im Jahr 2011 in seinem Buch „Goldene Ernte“[6] mit diesem Foto, das damit in der wissenschaftlichen Welt über Polen hinaus bekannt wurde. Tatsächlich entwickelten sich daraufhin in Polen gesellschaftliche Debatten über den Fall Treblinka. Doch die Kenntnisse über den Grabraub in Sobibór und Bełżec blieben bis in die letzten Jahre schemen- und bruchstückhaft.

Der vorliegende Band des polnischen Journalisten Pawel Piotr Reszka leistet einen eindrucksvollen Beitrag zur Aufklärung und zur Diskussion über die *Hyänen*. Reszka bemühte sich jahrelang, den Hintergründen und dem Ausmaß des Grabraubs in den ehemaligen Vernichtungslagern Sobibor und Belzec auf die Spur zu kommen. Auch ihm stellten sich viele Fragen: „Ich fand keine Berichte, die diese beiden Orte betrafen, und gleichzeitig ließen Texte, die Historiker veröffentlicht hatten, keinen Zweifel daran, dass das Wühlen in den Gräbern auch dort stattgefunden hatte.“ (S. 199)

3 Martyna Rusiniak-Karwat, Treblinka – Eldorado Podlasia? [Treblinka – Eldorado in Podlachien?], Warszawa 2006; dies., Obóz zagłady Treblinka II w pamięci społecznej (1943–1989) [Das Vernichtungslager Treblinka II in der gesellschaftlichen Erinnerung (1943–1989)], Warszawa 2008.

4 Die Polizei hieß in Polen damals offiziell „Bürgermiliz“ (Milicja Obywatelska, MO).

5 Piotr Głuchowski, Marcin Kowalski, Gorączka złota w Treblince [Goldfieber in Treblinka], in: Gazeta Wyborcza, Duży Format v. 8. 1. 2008.

6 Jan Tomasz Gross in Zusammenarbeit mit Irena Grudzińska-Gross, Złote żniwa: Rzecz o tym, co się działo na obrzeżach zagłady Żydów, Kraków 2011.

In jahrelanger Kleinarbeit sammelte er alle ihm verfügbaren Informationen über den Grabraub. Er suchte in Pressearchiven nach Artikeln darüber, was auf dem Gelände der ehemaligen Mordlager in der Nachkriegszeit geschah, und er sichtete Akten der Gerichtsverfahren gegen die Grabräuber bis in die 1980er-Jahre. Und dann fuhr er an die Stätten der ehemaligen Lager selbst und traf sich mit Bewohnern der Ortschaften, die in der Nähe lagen. Er befragte sie, was sie von dem Morden mitbekommen hatten und wie die Massengräber in den Jahren nach dem Krieg aufgewühlt wurden. Er suchte Familienangehörige und Nachbarn der *Hyänen* auf, zog Archäologen zu Rate, die in den letzten Jahren die Massengräber im Vernichtungslager Sobibor untersucht hatten, sprach mit Schriftstellern, die über den Grabraub geschrieben hatten, und mit Angehörigen von jüdischen Opfern. Und er traf sich auch mit Grabräubern selbst, fragte sie, wie das Graben vonstattengegangen war, wie viele Menschen sich auf den Weg zu den Feldern gemacht hatten und was mit dem Raubgut geschehen war. Schließlich erkundigte er sich auch, ob sie damals irgendwelche moralischen Bedenken gehabt hätten – und welche Empfindungen sich heute bei ihnen einstellten, wenn sie darüber sprachen.

Die Ergebnisse seiner Archiv- und Medienrecherche sowie Ausschnitte seiner Gespräche veröffentlichte Reszka in Polen im Jahr 2019. Die Auswahl der Interviewten und die herangezogenen Dokumente lassen ein eindrückliches Bild der Hyänen und ihrer Motive entstehen. Reszka erhebt nicht den Anspruch, den Grabraub historisch umfassend aufzuarbeiten. Aber es gelingt ihm, die Grabräuber, ihre Nachfahren, Bekannten und andere Betroffene dazu zu bewegen, frei von den damaligen Geschehnissen zu erzählen.

Reszkas Text haben wir ein Gespräch angefügt, in dem wir ihn nach den Reaktionen seiner Interviewpartner befragt haben:

Hatten sie gerne und ausführlich berichtet, oder war es ihnen unangenehm, über die damaligen Geschehnisse zu sprechen? Und welche Reaktionen löste das Buch nach seinem Erscheinen in Polen aus?

Die Interviews von Paweł Piotr Reszka sind beeindruckende Dokumente zur Nachkriegsgeschichte der ehemaligen deutschen Mordstätten Belzec und Sobibor, die wir mit dieser Veröffentlichung auch einem deutschen Lesepublikum zur Verfügung stellen wollen.

Steffen Hänschen und Florian Ross
Bildungswerk Stanisław Hantz, Oktober 2022

Schürfplätze

„Die Grabräuber haben in Bełżec Spuren hinterlassen, Nachkriegszeit“, Datum unbekannt

Ghetto Fighters' House Archiv, Catalog no. 10891

„Die Art und Weise, in der die Deutschen die Juden liquidiert haben, fällt ihrem Gewissen zur Last. Die Reaktion darauf jedoch belastet unser Gewissen. Ein aus dem Gebiss eines Toten herausgebrochener Goldzahn wird immer bluten, auch dann noch, wenn sich niemand mehr daran erinnert, woher er gekommen ist."

Kazimierz Wyka, Życie na niby. Pamiętnik po klęsce,
2. Aufl., Kraków 1984, S. 157

I

Wer sie waren

Chaja Żytomirska, 53 Jahre, aus Lublin, versorgte den Haushalt, der Ehemann hatte ein Papiergeschäft.

Jacques Rudolf Karp, 48 Jahre, aus Wien, lebte vom Handel mit Kaffee, wohnte im Zentrum.

Róża Susskind, 22 Jahre, aus Kolbuszowa, die Eltern waren nicht in der Lage, ihr eine Ausbildung zu finanzieren, sie lernte Schneiderin.

Wilhelm Keller, 51 Jahre, aus Krakau, Vater von zwei Kindern, verkaufte Kühlschränke und Herde der Firma AEG.

Fani Strudel, 40 Jahre, aus Lemberg, Hebamme, hatte Medizin studiert.

Henryk Edelist, 15 Jahre, aus Krakau, Schüler, hatte zwei Brüder und zwei Schwestern, war Sohn eines Schäftemachers.

Menache Abend, 57 Jahre, aus Pruchnik, handelte mit Leder.

Sara Rebeka Goldbaum, 16 Jahre, aus Lublin, lernte in der Mittelschule.

Josef Litwak, 61 Jahre, aus Lemberg, arbeitete in einer Bank, die der Familie gehörte, war sehr religiös.

Katherina Reichstein, 60 Jahre, aus Hannover, Ehefrau eines Reisenden, der mit Maschinenölen handelte.

Szlomo Halberstadt, 49 Jahre, aus Lublin, Rabbiner, Sekretär der dortigen Jeschiwa – der größten Talmudschule der Welt.

Lidia Wisłocka, 38 Jahre, aus Lemberg, Chorsängerin im Theater.

Irena Holder, 2 Jahre, aus Kołomyja, Tochter von Juristen, deren einziges, geliebtes Kind.

Sara Salzberg, 48 Jahre, aus Przemyśl, Ehefrau eines Damenschneiders, Mutter von Frederyk. Unmittelbar vor der Auflösung des Ghettos, bei der sie verschleppt wurde, schrieb sie ihrem Sohn einen Brief, den sie auf der „arischen Seite" versteckt hatte: „Denk daran, Freddy, ‚Lebe, lebe, lebe – das wird meine Freude sein. Gib alles auf, nur rette dich selbst.'"

Und vierhundertvierunddreißigtausend Weitere. Sie wurden in Güterwaggons getrieben, nach Bełżec verschleppt, in Gaskammern eingeschlossen, erstickt, auf Rosten verbrannt und in dreiunddreißig Massengräbern verscharrt.

Das Uhrgehäuse

Jan G. aus Łukawica (zehn Kilometer von Bełżec entfernt)

Und so war sie bis zum Ende ihres Lebens. Gerissen und hart. Im Herbst, Frost, schon grauhaarig, lief sie ab dem frühen Morgen barfuß auf dem Feld herum. Nur die Fußspuren auf dem Innenhof waren zu sehen. So eine Schwiegermutter hatte ich. Vor nichts hatte sie Angst. Wenn es nötig war, fing sie Blutegel im Bach.

Der Schwiegervater war lange krank. Tuberkulose. Er starb, und sie war allein mit vier Kindern.

Man hat mir erzählt, sie habe vielleicht Gold, aber ich habe sie nicht danach gefragt. Besonders lange haben wir nicht zusammen gewohnt, denn sie starb an Krampfadern, viel habe ich also nicht erfahren. Es stimmt aber nicht, dass wir danach den Boden in der Hütte herausgerissen haben, um nach Gold zu suchen. Das haben sich die Leute ausgedacht. Als ich aber Cecylia heiraten sollte, da holte die Schwiegermutter ein Paket heraus. Ein Uhrgehäuse aus Gold, so eins, wo eine Taschenuhr hineingehört. „Das gebe ich dir für die Trauringe“, meinte sie. „Aber was übrig bleibt, das gibst du mir zurück, ich habe ja noch zwei Söhne. Die Leute reden, dass ich noch mehr davon aufbewahre, aber ich habe schon alles verkauft.“

Ich nahm das Gehäuse, ein Typ im Städtchen hat mir davon die Ringe gemacht. Und so haben wir gelebt.

Ob ich wusste, woher das Gehäuse stammte? Na, von dort, woher sollte es denn sonst sein?

Nur einmal

Bronisława P. aus Chlewiska (fünf Kilometer von Bełżec entfernt)

Tochter: „Mama ist 93 Jahre alt, jetzt ist sie schon vergesslich, früher aber sprach sie ununterbrochen von den alten Zeiten. Kommen Sie bitte herein, vielleicht erzählt sie Ihnen noch etwas. Sie liegt im Bett, aber sie kann sprechen.“

Mama: „So viel weiß ich aber auch nicht mehr.“

Tochter: „Mit Mama muss man laut sprechen, sie hört nicht gut.“

Ich: „Ich wollte die Mama nach dem Kozielsk fragen.“

Tochter: „Dann helfe ich dabei.“

Sie schreit: „Seid ihr auf den Kozielsk gegangen?“

Mama: „Ich bin gegangen.“

Tochter: „Und wie sah es dort aus? Wie war es da?“

Mama: „Da haben Leute gegraben, mit kleinen Stöcken, Harken, Gold haben sie gesucht.“

Tochter: „Und Papa ist auch dorthin gegangen?“

Mama: „Papa war auch dort.“

Die Tochter zu mir: „Na also! Sie können mit ihr reden, ich muss weitermachen, sonst brennt mir in der Küche das Essen an.“

Mama: „Ich habe auch einmal ein bisschen Gold rausgeholt, aber nur wenig. Nur einmal.“

Ich: „Und wie oft waren Sie dort?“

Mama: „Daran soll ich mich erinnern? Vielleicht zehnmal. Viele Leute sind dahin gegangen, nicht nur ich. Nach dem Krieg gab es Armut. Ich bin da nur manchmal hin, für einen Moment. Ich musste zu Hause bleiben, ich hatte Kinder.“

Die Tochter kommt zurück, sie hilft mir beim Fragen.

Ich: „Aber die Leute wussten, was dort in der Kriegszeit geschehen war?“

Tochter: „Die wussten auf jeden Fall, dass dort Juden getötet worden waren.“

Ich: „Könnten Sie die Mama vielleicht fragen, ob die Goldsuche dort ihrer Meinung nach etwas Schlechtes war.“

Tochter: „Mama! War das was Schlechtes oder was Gutes?“

Mutter: „Wie, was Gutes? Es hat gestunken.“

Sonntag

Edmund W. aus Brzeziny (vier Kilometer von Bełżec entfernt)

Ich hatte ein gutes Leben. Ein ganz normales. Man musste schwer arbeiten, also habe ich gearbeitet. Erst auf dem Feld bei meinem Vater und dann für die Försterei. Als Förster. Wir achteten darauf, dass nichts geklaut wurde. Denn es gab immer mal welche, die nachts eine Kiefer fällten, und das musste danach erklärt werden. Oder das Anpflanzen von Wald. Das passierte auf leeren Feldern, mit zwanzig oder sogar fünfzig Leuten gleichzeitig. Sie alle musste man im Auge behalten. Da wurden so Rotznasen angestellt, und später sah man, dass Setzlinge mit der Wurzel nach oben eingesetzt worden waren. Kam dann die Aufforstungskontrolle, dann erklär das mal, Mensch. Das war eine schwere Arbeit. Und später habe ich bei mir selbst gearbeitet. Und habe meine eigenen Felder bestellt.

Ich: „Und wenn Sie nicht gearbeitet haben?"

Die Tochter lacht: „Ach, Papa hat in einem Orchester gespielt. So etwas hatten wir auf dem Dorf."

Tenorstimme und auf der Trompete.

Die Tochter: „Die Onkel haben ihm das beigebracht."

Es lebte sich hier eben wie auf einem Dorf. Gut. Und heute … Meine Frau ist gestorben. Im Februar vor einem Jahr.

Sie hat etwas durchgemacht, die Frau, lange war sie krank (*weint*).

Eugenia und ich waren über sechzig Jahre lang verheiratet. Drei Töchter haben wir. Ach, toll war sie. Hier auf dem Foto (er zeigt das Foto von einer Frau in traditioneller Volkstracht). Aber das wurde gemacht, als sie schon älter war. Wirklich eine Gute war sie. So flink.

Die Tochter wirft ein: „Mama war Vorsitzende des Vereins der Bäuerinnen. Sie war immer am Schaffen. Die ganze Zeit über veranstaltete sie unterschiedliche Kurse, hier mal Kochen, und da Nähen, und dann Backen. Sie mochte es, wenn sie einen Rat erteilen, irgendwie helfen konnte. Sehr religiös war sie. Die Leute hier sind im Allgemeinen religiös. Die Tante von Mama ging bis zu ihrem Lebensende täglich in die Kirche. Eine gute, bescheidene Frau. Und auch sie liebte es zu helfen. Na, einfach bei allem. So war ihr Charakter."

***

An gute Sachen kann man sich erinnern, aber noch besser erinnert man sich an schlechte. Sie dürfen das nie vergessen. Als die

Polnische Armee sich auflöste, da haben sie die Heimatarmee geschaffen. Ich war im Wald, wir kämpften bei Tarnawatka, in der Nähe von Zamość. Ich erinnere mich bis heute daran, wir mir ein Kumpel seinen Gewehrlauf an den Kopf gehalten hat, so aus Spaß, und plötzlich, ein Knall, ging es von alleine los. Glücklicherweise war keine Kugel im Lauf gewesen.

***

Mein Vater hatte vielleicht zwei Hektar Gund. Früher war der Ertrag aber nicht so groß wie heute. Dünger gab es nicht. Das Getreide wuchs kümmerlich. Es wurde mit der Sichel geerntet. Aber ich mochte diese Arbeit sehr gerne. Die Felder waren klein, aber hungrig sind wir nicht rumgelaufen. Obwohl wir bei uns zwei Brüder und zwei Schwestern waren.

Der Boden hier ist ziemlich steinig. Dort aber ist er sandig.

Ja, dort auf dem Kozielsk-Hügel. Da sind wir nach dem Krieg immer hingegangen, als Polen schon demokratisch war. Zu diesem Lager. Niemand hat jedoch gesagt: „Wir gehen zum Lager in Bełżec“, sondern nur so: „auf den Kozielsk“. Vielleicht deswegen, weil dort irgendwann mal Ziegen geweidet haben?[1]

Sand gab es dort und manchmal, wenn man eine Grube gegraben hat, so eine wie bis zur Decke hier, dann ist die Erde nachgerutscht. Das passiert, wenn die Erde vorher schon einmal bewegt worden ist. Sie rutscht nach, bricht auf. Dann musste man schnell wegrennen. Und im Boden, zwei, manchmal drei Meter tief, da gab es dann diese Schlacke. Also verbrannte Knochen. Mit einer kleinen Schaufel konnte man die herausholen und durchsuchen.

Die Juden waren eben reich.

***

1 Kozielsk ist abgeleitet vom polnischen Wort koza (Ziege). Anmerkung des Übersetzers.

Ich kannte sie schon vor dem Krieg. Icek kam jeden Tag zu uns ins Dorf gelaufen. Aus Narol. Das sind sieben Kilometer, und er hat das zu Fuß gemacht. Einen Sack halb voll Brötchen hat er gebracht. Manchmal hat er die an die Kinder verteilt, und dann wollte er danach, dass die Eltern bezahlten (*Lachen*). Er handelte auch, mit Kleidung, Lumpen, mit allem.

Die Juden verliehen Geld. Und nicht nur einmal konnte man sich leichter durch sie retten als durch den Nachbarn. Die Leute nahmen in der Erntezeit Kredite auf und zahlten diese später in Getreide zurück. Einen Wechsel musste man unterschreiben. Und wenn einer etwas nicht zurückgab, dann kam der Jude zu ihm aufs Feld, um den Kredit zurückzuholen.

Und später kam dann der Krieg. Hier, nicht weit weg, war die Grenze zwischen Deutschland und Russland. Und hinter unserem Dorf legten sie einen Panzergraben an. Die Deutschen befahlen, ihn zu graben. Meine Großeltern haben daneben gewohnt, und von dort sah ich, wie das vor sich ging. Es waren *Juden*[2], die da gruben. Wenn einer nicht mehr laufen konnte, dann schlugen sie ihn tot. Und zu essen gaben sie nicht genug. Einmal schlichen sich zwei von ihnen zu Großvater und aßen die Kartoffeln, die für die Hühner gekocht worden waren. Und dann ist sogar ein Deutscher gekommen und fragte, ob sie auch keinen Schaden angerichtet hätten. Und Großvater antwortete, dass nein, dass sie nichts angestellt hatten.

Und noch etwas. In der Besatzungszeit arbeitete ich in Rawa Ruska, bei der Bahn, denn irgendwo musste man ja arbeiten. Und als sie die Juden abholten, da blieb das jüdische Viertel leer

2 Wie an dieser Stelle werden Juden in den Interviews öfter als „Żydy“ bezeichnet. Der Plural von Żyd [Jude] ist jedoch „Żydzi“ und nicht „Żydy“. Mit der Veränderung ist eine negative Bedeutung verbunden. Da es auf Deutsch dafür keine sprachliche Entsprechung gibt, wird es hier und nachfolgend kursiv gesetzt. Anm. d. Übers.

zurück. Das war eingezäunt, und es war nicht erlaubt hineinzugehen. Ich wohnte mit zwei Männern zusammen, die Brüder waren, und zusammen gingen wir einmal dorthin.

Es gab dort eine Synagoge, oh, die war groß. Und dort, in der Synagoge, Tische, Möbel, voller Lumpen war sie. Alles lag dort aufgehäuft. Alles gab es dort. Ein Nachbar hat sich einen Schrank von dort geholt. Ich habe damals nur Klamotten mitgenommen, irgendeine Hose. Man musste aber aufpassen. Wenn man geschnappt wurde – ich weiß nicht, was sie mit einem gemacht hätten.

Und der Icek? Als der Krieg ausbrach, wurden alle Juden aus Narol zu Fuß nach Bełżec getrieben.

Sie mussten sich dort ausziehen. Und dann kamen sie ins Bad und wurden vergast. Alles mussten sie zurücklassen, diese *Juden*. Und danach haben sie sie vergraben. Das weiß ich alles aus Erzählungen. Sie waren sehr viele, und die Deutschen begannen, die halb verwesten Leichen auszugraben und zu verbrennen. Ein Gestank war das, dass er mehrere Kilometer weit in der Luft hing. Und wenn es Wind gab, dann konnte man nicht aus dem Haus gehen.

Und dann haben sie mit Maschinen Gruben ausgehoben und die Knochen, die schwarze Schlacke, zugeschüttet. Und da gingen wir nach dem Krieg hin.

***

Möchten Sie ein Gläschen? Ach, aber wenn Sie mit dem Auto sind, das verstehe ich.

***

Man ging immer in der Gruppe hin. Wir bildeten solche Teams, arbeiteten im Verbund. Zu dritt, zu viert. Ich ging mit den Brüdern der Tante meiner Frau. In der Gruppe, denn man musste ja schließlich mit Schaufeln graben. Und in dem Verbrannten, da wurde dann gesucht.

Jeder ging da hin, wenn er nur konnte. Kinder, aber auch Ältere (*Lachen*). Manchmal gab es vielleicht fünfzig Leute auf dem Feld. Die waren von hier, aber auch aus den benachbarten Dörfern. Ich war jeden Tag da. Ich weiß nicht mehr, wie viele Male, aber oft.

Und als sie das Lager geöffnet hatten, also, als die Deutschen weggingen, da gab es in dem Abfall, der dort zurückgeblieben war, Haufen von polnischem Geld. Und damals konnte das noch getauscht werden. Die Leute fanden viel davon.

Und danach gingen sie dahin und durchwühlten den ganzen Platz. Man musste gar nicht tief runter, und schon kam etwas heraus. Wo auch immer, man konnte genau sehen, dass sie alles weggeworfen hatten, wenn sie nur konnten, diese *Juden*.

Diejenigen, die in der Nähe wohnten, wussten, dass die Deutschen Gruben ausgehoben hatten und dort Knochen und Asche hineinwarfen. Und genau dort begannen sie zu graben. Vor allem bei dem Grenzwall, an der Seite Richtung Bełżec.

Alleine habe ich drei goldene Rubelstücke gefunden. Im Verbund ging es aber besser. Brücken konnte man in der Schlacke finden. Lose alles. Ganze Kiefer aus Gold fand man vor. Ganze Gaumen und auch Gebisse. So Prothesen. Leute aus ganz Europa wurden hierher geschafft.

Haare gab es in Unmengen. Manchmal so ganz lange, von Frauen. Es wurde gesagt, dass man in ihnen etwas finden konnte. Die Juden versteckten, wo sie nur konnten. Ich habe aber die Haare nicht durchsucht. Irgendwie war das nicht so angenehm.

Einmal kamen zwei von uns eines Morgens zu mir und meinten, wir sollten auf den Kozielsk gehen. Ich ging aber nicht mit. Und sie hatten dann Glück. Sie fanden so einen Gürtel, für einen Leistenbruch oder so etwas Ähnliches, und der war voller Dollar. Einer von denen kaufte sich dann ein Grundstück in Bełżec und baute dann darauf. Und eine Frau holte er sich von hier. Das war so ein Ruhiger, hat als Wächter gearbeitet. Sein Freund aber, der hat alles versoffen.

Und ich? Ach, wenn der Mensch jung ist, dann zieht er sich schick an, und dann geht er zu Festen, und das war's dann. Für das Haus wurde etwas gekauft. Die Familie war nicht reich. Die Steuern wurden bezahlt. Vater sagte nichts dazu, er freute sich einfach, dass da was kam. Er selbst ging jedoch nicht, er wollte nicht. Er war im Krieg gewesen, in Russland. Er hatte genug gehabt.

In unserer Gruppe teilten wir uns das Geld zu gleichen Teilen auf. Einer grub, und der Rest durchwühlte die Erde. Was gefunden wurde, das musste sofort gezeigt werden. Einer half dem anderen. Man hatte es ja schließlich nicht mit Feinden zu tun. Man teilte alles untereinander auf und trank zusammen Wodka. Es gab schon manchmal Streitereien. Darüber, dass der eine zu viel und der andere zu wenig abbekam, und darüber, dass ein anderer weniger bekam. Aber wie man so schön sagt: Nur der Jude einigt sich mit allen.

Aber ich sage Ihnen, dass hier auch Katholiken waren. An den Abfallplätzen, in den Papierhaufen, da fand man so Kirchenbüchlein, solche zum Beten. Und in den Löchern fand man Rosenkränze und auch noch so Medaillons. Solche Zeiten waren das … solche Zeiten.

In Bełżec kaufte die Sachen immer Staszek Nowak[3]. Später hat er eine Kachelfabrik gebaut, ich kannte noch seinen Vater. Er wohnte gegenüber vom Lager. Schon nach dem Mittagessen gab es eine Schlange bei ihm. Er empfing die Leute in seinem Haus. Man sagte, dass er schummelte wie ein Zigeuner. Wenn die ungen Burschen oder Kinder etwas gefunden hatten, dann habe er ihnen ein paar Groschen weniger gegeben. Ich denke

3 Familienname und Vorname sind verändert.

aber, dass er ein anständiger Mensch war. Jeder wollte schließlich etwas verdienen.

Aber es war nicht nur er, der was ankaufte, hier im Dorf gab es da noch so einen. Der hatte so eine kleine Waage.

Dann fing die Miliz an, die Leute wegzujagen, und ich habe aufgehört, dahin zu gehen. Und Soldaten haben auch aufgepasst. Man musste jetzt aufpassen, denn wenn sie einen erwischten, dann wurde man ausgeraubt.

***

„Und hat jemand im Dorf gesagt, dass das, was ihr da gemacht habt, schlecht war?"

Nein. Vielleicht hätten die Pfarrer etwas sagen müssen, aber denen war das auch nicht wichtig.

„Und was denken Sie jetzt darüber?"

Dieses Graben, das hat den Gestorbenen ja sowieso weder geholfen noch geschadet. Etwas Schlechtes hat man da nicht gemacht. Das, was ich gefunden habe, das wäre doch sowieso verloren gegangen. Auf der anderen Seite waren die Juden ja auch Menschen. Alle hatten sie an ihre Türen die Gebote genagelt.

***

Es gab auch Stellen, wo die Körper noch ganz waren, unverbrannt. Wie Heringe lagen sie da in den Gruben. Und es gab Leute, die haben sich die angeschaut. Sie haben sich ihre Zähne angesehen und auch andere Stellen. Ach, das war schrecklich. Wir haben so etwas nicht gemacht. Wenn du in der Erde etwas gefunden hast oder an einer anderen Stelle, dann ist das doch etwas anderes. Aber ganze Leichen umdrehen?

Und eine Frau, die hat sogar Dollars bei einer Jüdin zwischen ihren, na ja, zwischen den Beinen gefunden.

Das war die Tante von meiner Frau, mit deren Brüdern ich im Verbund war. Sie hat das später mal erzählt. Sie sieht, wie da ein Gummi herausschaut. Sie guckt nach, und was ist da – Geld. Ist ja klar, dass sie sich gefreut hat. Und die Leute haben gelacht darüber, dass in der Fotze Dollars waren.

***

Ich war damals noch Junggeselle. Ich hab den Mädchen schon ein bisschen hinterhergeschaut, und da habe ich die Eugenia bemerkt (*Lachen*). Sie war sechzehn Jahre alt, jünger als ich. Toll war sie.

So junge Zicklein haben sich in Gruppen gesammelt und sind dann losgezogen. Sie aber war meistens allein oder ging mit ihrer Schwester. Flink war sie, bei allem, wie man so sagt. Sie ist mit einer kleinen Schaufel losgezogen, hat nur an der Oberfläche gesucht, aber irgendwas hat sie dann immer ausgegraben.

Ich habe einmal einen Ehering gefunden. Und davon hat sie sich einen Ring gemacht.

„Einen Verlobungsring?"

Tochter: „Eeh, aber woher denn. Früher, da hat es doch Verlobungsringe gar nicht gegeben."

Edmund: „Das war nicht so wie heute. Wir waren schon verheiratet, als ich ihr den gab."

Tochter: „Papa hat den für Mama aufbewahrt. Und über den Kozielsk, da reden die Eltern ihr ganzes Leben lang drüber. Und ich sage da manchmal zu Papa: Gut wäre gewesen, auch etwas für uns zu lassen und zu teilen, und nicht alles zu verkaufen, zu versaufen, so wie es die jungen Männer machen (*Lachen*).

„Und was denken Sie darüber?"

Tochter: „Das waren halt so Zeiten, denke ich. Nach dem Krieg gab es ziemliche Armut. Dass man da ein bisschen Gold gesucht hat, das ist ja nicht so schlimm, aber Leichen zu verwüsten, das war dann doch nicht in Ordnung. Ich habe drei Kinder, mein Sohn ist Geistlicher, die Enkelin studiert bereits in Warschau. Ob sie das verurteilen? Sie gehen da eher mit Verständnis ran. Es ist doch klar, was das für Zeiten waren. Und Mama hat öfters erzählt, wie sie mal gejagt wurde, als sie etwas gefunden hatte. So eine Feindseligkeit gab es, so wie es sie heute auch gibt. Keiner gönnt dem anderen etwas. Warum wurde Mama gejagt? Jemand, der in einer Grube stand und grub, der warf die Erde nach oben, und da ist etwas neben Mama auf den Boden gefallen. Mama hat das aufgehoben und ist weggelaufen. Hätten Sie das etwa nicht genommen?"

„Und was war das?"

Edmund denkt nach. Nach einer Weile: „Ich glaube, das waren irgendwelche Zähne."

***

„Und wurde am Sonntag auch gegraben?"

Edmund: „Nein, den Sonntag musste man ehren."

Gesang

Jan T. aus Bełżec

Wir wohnten in Szalenik, direkt hinter dem Lager. Am Ende von unserem Feld stand ein Wachturm. Dort saßen sie und passten auf.

Alle hatten Angst.

Es war im Februar. Ein Zug mit Juden kam aus Rawa Ruska angefahren, plötzlich gab es eine Schießerei. Vater hatte gerade den Ofen angemacht, ich wärmte mich mit meinem Bruder. Auf einmal öffnet sich die Tür. Ein Bengel kommt rein, so einer wie wir. Verängstigt, frierend und mit fast nichts an.

Mama sagte zu meinem älteren Bruder: „Nimm ihn und bring ihn weg, die aus dem Lager kommen bestimmt gleich hierher."

Kaum waren sie rausgegangen, da tauchten in der Tür auch schon diese Russen auf, die den Deutschen halfen.[4]

Mein Bruder hatte den Jungen ein Stück weggebracht und kam wieder zurück. Sofort haben sie ihn gepackt. Ich sah durch das Fenster, wie sie ihn ins Lager trieben.

***

Als das Lager in Betrieb war, waren dort Schreie zu hören. Und abends Gesang. Das haben sie ihnen wahrscheinlich so befohlen. Und die Juden sangen.

„Góraaluu, czy ci nie żaaal.“[5]

Was für Stimmen das waren, die da zu uns herüberschallten. Da konnte man anfangen zu weinen darüber.

***

Einmal bin ich aus Tomaszów zurückgekommen. Mutter war auf dem Wagen, ich konnte damals ein Pferd noch nicht so gut führen. Schließlich war ich noch ein Junge. Es war ein Feldweg, und ich schaue – warum hat sich da so viel Volk versammelt? Das war der erste Tag, nachdem die Deutschen das Lager aufgegeben hatten.[6] Eine Menge Leute waren gekommen. Wie sie das so schnell erfahren hatten? Damals wurde noch nicht gegraben, es gab noch keine Löcher. Sie kamen und guckten. Angefangen hat das Ganze erst danach.

Ich fand dort so ein Messer, mit dem man Glas schneidet. Irgendwo habe ich das noch bis heute. Interessant. Schneiden konnte ich nicht damit, aber bei dem Glaser, der irgendwann einmal zu uns kam, da ging das wie am Schnürchen.

4 Die nichtdeutschen Hilfseinheiten der SS-Wachmannschaften, deren Angehörige u. a. in den Vernichtungslagern zu Bewachung eingesetzt waren, wurden unter kriegsgefangenen Soldaten der Roten Armee angeworben.

5 Góralu, czy ci nie żal [Gorale, sag, tut’s dir nicht leid?] ist ein in Polen bis heute beliebtes sentimentales Volkslied aus dem 19. Jahrhundert.

6 Das war wahrscheinlich im Mai 1943.

Ein anderes Mal habe ich bei den Gleisen ein polnisches Goldstück gefunden. Plötzlich kam ein offener Wagen angefahren. Deutsche. Sie gaben eine Salve in Richtung der Leute ab. Wie alle auf einmal die Flucht ergriffen. Ich rannte in den Wald.

Später haben die Deutschen ein Häuschen dahingestellt, damit die Leute nicht mehr dahin gingen. Ein Ukrainer wohnte darin. Er hielt ein paar Pferde und zur Kirche ist er gegangen. Dann ist er irgendwohin verschwunden.

Der Krieg ging vorbei. Das Häuschen blieb.

An einem Tag stand es noch aufrecht da, am nächsten stand es schief nach links und am Tag darauf nach rechts. Denn die Leute gruben direkt daneben. Wenn sie auf der linken Seite gruben, dann neigte es sich links, und wenn sie es rechts taten, dann eben nach rechts (*Lachen*). Am Ende hat irgendjemand ein paar Arbeiter angestellt, die haben das Haus abgerissen und weggebracht.

Unsere Polizisten haben die Leute verscheucht. Und einer hat eine Frau von hier erschossen. Sie war mit einer Kuh gekommen. Sie hat sie wohl in der Nähe zur Weide gebracht und ist dann selbst, weil sie schon mal dort war, auf den Kozielsk gegangen. Der Teufel weiß, warum sie mit ihrer Kuh gekommen war, Gras gab es da doch nicht. Er traf sie, und sie kam ums Leben. Der Deutsche gab ja nur eine Serie Schüsse ab und erschreckte die Leute, unserer aber, der tötete.[7]

Und danach hat auch die Armee Leute aufgegriffen. Einmal, ich war gerade aus dem Haus gekommen, und ich schaue – ein Soldat. Ich lief um die Hütte herum und er hinter mir her. Mein älterer Bruder war gerade dabei, seinen Schuh auf dem Hof zu reparieren, und meinte zu dem Soldaten: „Was belästigst du das

7 Die Einwohnerin von Bełżec starb am 7. 11. 1945. Die Informationen über ihren Tod und die darauffolgende Beerdigung stehen im Totenbuch der Pfarrei Unserer Lieben Frau, Königin von Polen, in Bełżec.

Kind da?“ Und er ging zum Außenklo, machte die Tür auf und zog einen Menschen da heraus. Der wollte sich vor der Razzia verstecken.

Als sie die Erde bewegten, verbreitete sich ein schrecklicher Gestank. Und der Wind trug das vor allem zu uns herüber. Uff, was wir da bei uns in Szalenik alles davon einatmen mussten.

Armut

Władysław P. aus Chlewiska

Heute bin ich fünfundachtzig Jahre alt, und wissen Sie was? Ich denke, dass der Mensch, wenn er in Armut lebt, dass er dann gesünder ist. Diejenigen, die in Wohlstand leben, die rafft es ratzfatz dahin.

Einen Schwiegersohn habe ich, der ist arm dran, zu viel Geld gibt es bei ihm. Der schläft sich nicht aus, und richtig essen tut er auch nicht. Einen Fleischhandel hat er. Und drei Autos hat er, so große. Er transportiert Sachen ins Ausland. Die ganze Zeit ist er am Arbeiten.

***

Ich war sechzehn Jahre alt, wir waren acht junge Leute. Wir fingen an zu arbeiten. Der Meister aus Zaklików zeigte uns, wie man es hinbekam, dass man eine Mauer nicht vermasselte, und wie man mit einer Kelle umgeht. Und dabei hat er geschaut, wer etwas taugt. Und dann hat er fünf Kellen vom Gerüst runtergeworfen und nur drei von uns sind geblieben.

Früher war ein Maurer noch ein Herr gewesen. Zucker wurde noch auf Karten verkauft. Und wenn man bei jemandem etwas mauerte, dann hat die Hausfrau den Arbeitern den Tee gesüßt, einen Fingerbreit, und dem Meister hat sie das Doppelte gegeben.

Und du hast verdient. Niemand im Dorf hatte ein Motorrad, aber ich hatte schon eins, eine WFM[8]. Und der Erste, der sich ein Fahrrad gekauft hatte, ein blaues Simson, das war auch ich.

***

Bei dem Meister aus Zaklików habe ich ein paar Jahre lang gearbeitet. Die Kirche hinter Łaszczów haben wir gebaut. So eine kleinere. Schön war die. Blitzsauber musste man das machen, denn die war aus roten Klinkern. Und die Fugen mussten leer sein, sodass der Putz nicht herausstand. Ich kann sagen, dass ich stolz bin auf diese Kirche.

Als ich fünfzehn Jahre alt war, ging ich zum Freiwilligenbataillon. Drei Monate beim Wiederaufbau von Warschau. Da habe ich verschiedene Sachen gesehen. In einem Keller gab es siebzehn tote Leute, und darunter vier Deutsche.

Nach diesem Warschau sollte ich nach Stettin (Szczecin) zur Schule kommen. Ich saß schon im Auto, als ein Nachbar kam und rief: „Komm! Wir fahren nach Hause!“ Ich sprang heraus, und die Kollegen fuhren alleine los. Einer wurde später Bootsmann auf einem Schiff, ein anderer Direktor in Skarżysko. Ich bedaure nichts.

Prostatakrebs, eine Niere entfernt, aber irgendwie erlaubt es mir Gott, weiterzuleben, und ich beklage mich nicht. Ich habe niemandem im Leben etwas Schlechtes angetan. Ich habe ehrlich gearbeitet, eine Frau, vier Kinder. Gemächlich bin ich durchs Leben gegangen. Und die Kollegen, die damals weggefahren sind, der eine hatte zwei Frauen, der andere drei. Kinder bis zum Abwinken, und er weiß sogar nicht, welches von ihm ist. Ist so das Leben?

Das alles kommt durch den Wohlstand. Denn er hatte Geld und eine Stellung.

***

8 Beliebtes Motorrad, 1954–1966 von der Warszawska Fabryka Motocykli [Warschauer Motorradfabrik] hergestellt.

„Das Graben da, war das eine Sünde?“

Aber die Pfarrer haben doch nichts gesagt.

„Vielleicht haben sie nichts davon gewusst?“

Wie, sie sollen das nicht gewusst haben? Natürlich wussten sie es. In Bełżec genauso wie hier. Schließlich gingen die Leute da die ganze Zeit hin.

„Aber war das nun eine Sünde oder nicht?“

Ich weiß es nicht. Schwierige Frage.

„Haben Sie denn nie ein schlechtes Gewissen gehabt?“

Nein, eigentlich nicht. Viele Leute haben gegraben. Das war wegen der Armut, wissen Sie.

***

Als ich dreizehn Jahre alt war, da habe ich erfahren, dass ein Brillant niemals in Gold eingefasst wird, es muss Platin sein.

Beim Gold ist die Farbe wichtig. Zum Beispiel der Achter, das ist der mit dem niedrigsten Feingehalt, der sah in etwa so aus wie Kupfer, und je roter das Gold war, desto besser. Zahnbrücken waren meistens Sechzehner, Achtzehner, Zwanziger. Vierundzwanziger, das gab es nur selten.

Dem Gold passiert im Feuer gar nichts. Platin ist beim Einschmelzen härter als Gold. Das Gold schmilzt du in Platingeschirr.

Ich habe drei goldene Zahnkronen gefunden, jemand hatte sie in der Schlacke übersehen. Ich buddelte mit einem Löffel. Alles war zu Asche verbrannt, nur das Gold nicht.

Leute fanden Geld, Rubel, Dollar, und ich sogar eine Uhr. So eine kleine, für die Tasche, nur, dass sie nicht mehr ging. Das Gehäuse war aus Gold, Achter. Das bedeutete unterste Klasse; vierundzwanzig Karat, das war das beste.

Dass es dort Gold gab, das war bekannt. Die Transporte brachten Juden, und die hatten alles. Und so genau hatte man sie schließlich nicht durchsucht. Die Juden versteckten alles, wenn man nur konnte. Sie schluckten es oder taten es in Kondome und dann in sich.

***

Die Leute machten Löcher, mit einem Umfang von so sechs, acht Metern. Damit die nicht zurutschten. Danach kam da ein sogenannter Tisch rein, so eine gerade Fläche, sie ebneten alles ein und dann gingen sie noch tiefer. Und dort machten sie einen zweiten Tisch. Und dann lief alles über die zwei Tische. Einer warf die Schlacke aus der Grube auf den ersten Tisch, dort durchwühlten welche die Schlacke, dann ging es weiter nach oben, auf den zweiten Tisch. Im Verbund wurde arbeitsteilig vorgegangen.

Die Schlacke hatte eine Dicke von so fünfzig, siebzig Zentimetern. Und na klar, es stank. Wenn es aber nur Schlacke gab, dann nicht. Ich hatte spezielle Hosen und ein Hemd. Wenn ich nach Hause zurückkam, dann musste ich die Sachen im Stall aufhängen. Die Gruben hat später niemand wieder zugeschüttet, die Erde ist von alleine wieder nachgerutscht.

***

Die Bretter habe ich aus einer Dachgaube herausgeholt, der Schreiner hat daraus den Sarg gemacht. Ich war zehn Jahre alt, als mein Vater starb.

Als der Krieg ausbrach, kam der Iwan, und es stellte sich heraus, dass sich unser Dorf im Grenzstreifen befand. Das störte sie und sie schafften uns nach Bessarabien. Dort bekamen wir ein Haus. Vater hatten die Russen abgeholt, denn er hat einem Polen geholfen, den sie suchten. Er war geflüchtet und versteckte sich bei uns. Er wollte bei uns übernachten. Sie kamen rein und nahmen ihn und Vater mit.

Papa kam nach einem Monat zurück. Sie hatten ihn auf der Wache festgehalten. Er kam zurück und starb zwei Tage darauf. Essen hatten sie ihm nicht gegeben. Ich blieb alleine mit meiner Mutter und zwei Schwestern zurück.

Der Deutsche jagte die Russen davon, die Front entfernte sich. Wir fühlten, dass wir nach Hause zurückkehren sollten. Auf Nebenstraßen liefen wir vier Wochen lang.

Es war Frühling. Das Haus war ruiniert, die Böden herausgerissen, die Decken zerstört, das Feld lag brach.

Von den Deutschen bekamen wir eine Zuteilung Gerste, damit wir etwas aussäen konnten, und die ganze Familie buddelte mit kleinen Hacken. Wir droschen mit dem Dreschflegel, sie nahmen uns alles ab, die Kontingente, Armut.

Der Krieg ging vorüber, und wieder gab es Armut. Ein Pferd gab es nicht, zum Abarbeiten musste man dafür gehen. Einen Tag Arbeit mit einem Pferd bedeutete, dass man drei Tage beim Landwirt abarbeiten musste.

Die Gerste war kaum herangewachsen, da kamen Leute mit Sicheln und machten Mehl, das war so grünfarben, und schon wurden Fladen auf dem Ofen gebacken.

Mein Gott, die ganze Zeit lief man hungrig herum. Doch es starb niemand vor Hunger. Die einen halfen den anderen.

***

Ich buddelte nicht in den Löchern, mich hat niemals jemand in eines der Teams aufgenommen. Ich war einfach zu klein. Ich suchte in den Abfallhaufen, da gab es viele Sachen, irgendwelche Lumpen, alte Schuhe.

Einmal habe ich in dem, was dort lag, rumgestöbert. Ich schaue in die Sonne – ein Ring. Drei Steine und ein Blatt. Und um die Steine ein Rand aus Platin. Ich wusste da noch nicht, wie wertvoll das war. Es gab da aber einen, der sich auskannte. Und dieser Fachmann meinte: „Das sind Brillanten." Und dann sagte er noch, dass Gold sich nicht eignete bei Brillanten, dass die in Platin gesetzt werden müssten.

Aus unserem Haus ging nur ich dorthin. Ich brachte den Ring mit und zeigte ihn Mama. Sie sprang vor Glück in die

Höhe. Alle freuten sich. Wir gingen sofort los, verkauften ihn und kauften eine Kuh.

Sie war braunfarbig. Der Händler brachte sie an einem Seil zu uns. Sie hieß Boczuła. Denn sie schmollte ständig. Diese Kuh, das war eine große Sache. Sie war eine Zeitlang auf der Weide, und schon gab es Milch. Ein anderes Leben. Eine große Freude.

***

„Haben Sie schon einmal überlegt, wem der Ring einmal gehört haben könnte?"

Na, wahrscheinlich irgendeiner Frau.

„Und wissen Sie, was mit ihr geschehen ist?"

Ich habe keine Ahnung.

„Hat sie überlebt?"

Ich denke eher nicht.

„Haben sie sie vergast?"

Alle, die hierhin gekommen sind, wurden ermordet. Wenn Abend war, dann war da so ein Schreien zu hören, der Wind trug alles zu uns rüber.

***

Mit diesem Ring gingen wir mit Mama zu einem Händler aus Narol, ein paar Kilometer von hier entfernt. Der kannte sich mit allem aus, etwas dicker war der und kein besonders großer Kerl.

Zu dem Nowak nach Bełżec, zu dem gingen wir nie, obwohl er direkt neben dem Kozielsk wohnte. Das war ein hochgewachsener, ernster Mann. Man sagte, dass er mit einer Zange die Steinchen aus den Ringen herauspulte, die sollten nicht von Wert sein, und den Rest auf die Waage legte. Und er wusste genau, was er mit ihnen später machen konnte. Aber an meinem gab es doch Brillanten. Ein Blick auf die Farbe des Goldes reichte, um abzuschätzen, welchen Feingehalt es hatte. Er bezahlte grammweise. Bei ihm war immer ein Haufen Leute. Was gefunden wurde, das ging direkt zu ihm. Er hätte auch mehr geben können. Aber, na ja, Geschäft ist schließlich Geschäft. Er musste ja auch verdienen. Ihm verkaufte ich die Goldkronen. Den Ring aber, den habe ich zu dem aus Narol getragen. Der war gerechter. Er bezahlte besser. Dem habe ich auch noch diese Taschenuhr verkauft. Er warf sie in Säure. Die tropfte ab. Denn Gold nahm keine Säure an. Es stellte sich heraus, dass es achtkarätiges war.

***

Die Leute standen Schmiere, und wenn die Miliz aus Bełżec kam, flüchteten alle in den Wald. Zweimal erwischten sie mich. Einmal brachten sie mich mit einem anderen zusammen auf die Wache. Sie gaben uns eine Säge, und wir mussten den ganzen Tag lang Holz sägen. So einem kleinen Jungen hätten sie ja zumindest heißen Tee geben können, damit er was zum Trinken hat, wenn er schon zur Strafe arbeiten muss. Hier aber gaben sie einem weder etwas zu essen noch zu trinken, nichts. Das war noch schlimmer als bei den Deutschen.[9]

***

Manchmal stieß man auf Stellen, wo noch Leichen waren. Die wurden dann mit dem Spaten zerteilt und kamen dann an

9 Die Verantwortlichen erklärten die damals geringen Bemühungen der Miliz, die Grabenden zu fassen und zu bestrafen, damit, dass sie über zu wenige Leute verfügten. Sie hatten es vor allem mit dem Kampf gegen die ukrainischen Nationalisten, die Ukrainische Aufstandsarmee (UPA), und dem antikommunistischen Widerstand zu tun. 1962 schrieb Oberstleutnant Ludwik Knawa, Kommandant der Bürgermiliz in der Wojewodschaft Lublin: „Der Kampf gegen die Verbrecher, die in der Region um Bełżec die Hinrichtungsorte schändeten, war in den ersten Jahren nach der Befreiung außerordentlich schwierig. Plündernde Banden der UPA zerstörten ein Teil der Bürgermiliz-Posten; deswegen konnte die Miliz in dem Zeitraum 1945–1947 nur sporadisch bei solchen Taten intervenieren. Nach der Zerschlagung der reaktionären Banden verstärkten sich die Aktivitäten der MO in dieser Region deutlich, was vorteilhaften Einfluss auf die Eindämmung der Schändung des ehem. Lagers hatte.“

die Seite, an die Seite. Man musste ein zäher Mensch sein, um dort zu graben. Eine rosafarbene Masse, dazwischen Knochen, Schädel. Sie nannten das „Hackfleisch mit Knochen". Mit den Schaufeln und dann an die Seite.

Der Mensch ist doch ein schreckliches Wesen.

Wenn ich größer gewesen wäre, dann hätte ich auch mitgegraben.

***

Jetzt habe ich meine Jahre hinter mir und ich weiß, dass die Leute früher einmal besser waren als heute. Wenn es Armut gibt, die Peitsche da ist, dann haben wir mehr Respekt voreinander.

Hilfsbereit

Mieczysław O. aus Bełżec

Die Steinchen aus den Ringen herauszupulen und wegzuwerfen, um so einen besseren Verdienst zu haben? Ich wusste, dass er an dem Ankauf von Gold verdiente, aber dass er so betrog? Wer Ihnen das erzählt hat, der muss irgend so ein Trinker sein. Ich habe mein ganzes Leben bei der Eisenbahn gearbeitet, und davon zwanzig Jahre lang als Bahnhofsvorsteher. Ich habe die Nichtsnutze und Trinker verjagt. Und es gab auch solche, die, wenn sie mich sahen, zu sich selbst sagten: „Ah, da kommt dieser Hurensohn."

Staszek Nowak war ein sehr ausgeglichener Mensch. In jeder Hinsicht ein solider und hundertprozentiger Pole.

***

Wir fuhren zusammen zur Mittelschule in Rawa Ruska, um sieben und ein paar Minuten fuhr der Zug. Er war mit der Schule fertig, und ich war in der zweiten Klasse, da brach der Krieg aus.

Ich kann von ihm erzählen, er war sehr hilfsbereit. Das war sein Charakter.

Wenn er zur Kirche fuhr, dann nahm er jeden mit. Ob er sehr religiös war? Einmal meinte ich zu ihm: Staszek, lass uns zur 12-Uhr-Messe fahren, denn damals hatte ich noch kein Auto, und er antwortete mir so: Zu dieser Messe will ich nicht, lieber zu einer anderen, denn die ist schneller vorbei (*Lachen*).

Bescheiden und sehr sparsam. Einmal musste ich irgendwelche Erledigungen in Tomaszów machen. Er brachte mich hin, und ich sehe, wie er das Auto nicht abschloss. „Das, zum Teufel, wird schon keiner anpacken, so ein altes Auto."

Damals in der Mittelschule, da bin ich zu ihm gerannt wegen der Mathematik, er wohnte nicht weit weg. Er half mir, denn mit diesen ganzen Variablen, wissen Sie …

Oder wir hatten „Der Vorposten"[10] als Lektüre, da hat er mir sogar eine Zusammenfassung geschrieben. Ich habe es zwar gelesen, aber er war älter und wusste da mehr drüber als ich.

Die Nachbarin arbeitete im Buffet an der Bahnstation, sie hatte Bier und Wodka, und manchmal gaben sie ihr statt Geld einen Ring. Einmal ging sie zu Nowak, um danach zu fragen. Ein Ring sollte vierundzwanzig Karat haben, er schaute sich ihn an und sagt: „Halinka, zahl bloß nicht zu viel, das ist ein Vierzehner."

***

Ich bekam eine Karte zur Arbeit in Deutschland. Der Fahrdienstleiter kam aus Schlesien, er hat von meinen Eltern Milch und Tomaten geholt. Vater bat ihn um Hilfe. Er war der Vertreter vom Bahnhofsvorsteher Göckel. Er half. Ich begann zu lernen. Göckel sagte, dass die Deutschen Fahrdienstleiter brauchen, da sie neue Bahnstationen im Osten einrichten werden. Ich begann im Januar einundvierzig.

10 Der Vorposten (poln. Placówka), Roman von Bolesław Prus.

Nowak arbeitete zu diesem Zeitpunkt bereits da. Er stammte aus einer Eisenbahnerfamilie. Vor dem Krieg hatte er das „kleine Abitur“[11] gemacht, und die Deutschen schickten ihn zu einem Kurs nach Warschau, sodass er danach Bahnhofsvorsteher war.

Einmal bat ein Fahrdienstleiter, vor dem Krieg war er Offizier gewesen, dass ich einen Moment zu ihm komme. Er wohnte auf der Bahnstation. Ich ging hinein, und dort stand ein Kreuz auf dem Tisch, und außer dem Fahrdienstler saß da noch jemand. Damals kannte ich den noch nicht, später erzählten sie mir, dass das „Kostek“ gewesen war, unser Kommandant der AK, der Heimatarmee. Auch Nowak war da. Gemeinsam legten wir den Schwur ab.

Von diesem Zeitpunkt sollte ich auf Durchschlagpapier notieren, welche Züge fahren sollen, und diese Kopien weitergeben. Ich war damals nämlich Schreiber in der Kasse für Güterwaren. Und so machte ich das dann. Und Nowak, wenn er zu seinem Kurs nach Warschau fuhr, dann nahm er den Schriftverkehr für die Heimatarmee mit.

Sie nahmen ihn im Zug fest. Die Schreiben lagen auf der Ablage, und im Abteil waren zwölf Personen. Niemand machte eine Aussage, und sie nahmen alle fest. Staszek saß im Schloss[gefängnis] in Lublin. Einige Zeit später ließen sie ihn laufen.

Ich muss Ihnen sagen, dass bei ihm bei jedem Schritt sein polnisches Wesen deutlich zu sehen war, dieses väterliche Erbe. Wenn man mit ihm sprach, dann betonte er dies immer.

Nach dem Krieg war er der Chef eines Sägewerks und später baute er dieses Kachelwerk. Mein Enkel hat noch bei ihm gearbeitet. Und davor hat er das mit der Eisenbahn sein lassen und nur noch mit Gold gehandelt.

11 Zeugnis nach der vierjährigen Mittelschule. Anm. d. Übers.

Bescheiden und verschlossen. Er nahm nie an etwas so richtig teil, zu Festen ging er nicht und Wodka trank er nicht.

Zuverlässig in jeder Hinsicht. Betrogen hat er nie jemanden. An was anderes glaube ich nicht. In Tomaszów haben sie auch Gold angekauft, aber aus irgendeinem Grund sind die Leute zu Nowak gegangen.

***

Wie das aussah? Normal. Ein Zug kam angefahren. Unser Rangierer hat auf Anweisung von Göckel die Hälfte der Waggons abgekoppelt. Der Deutsche hat sich in die Lokomotive gesetzt, und mit dieser Hälfte fuhr er ins Lager. Später kam er zurück, um die andere Hälfte zu holen.

Dort auf dem Hügel, über dem Lager, hatten meine Eltern ein Feld. Es war Erntezeit, wir saßen im Getreide. Ein Bekannter von uns hatte ein Fernglas. Ich sah, wie sie die nackten Juden in das Gebäude brachten, wo sie vergast wurden.

Was ich damals fühlte? Das war für alle nicht angenehm.

Ob Nowak die Transporte mit den Juden gesehen hat? Aber klar, natürlich hat er sie gesehen. Er war der Fahrdienstleiter. Es gab keine Möglichkeit, dass das nicht so war.

Kinder

Tadeusz S. aus Chlewiska

Im Wald

Vielleicht war es hier, an dieser Stelle. Ich erinnere mich nicht genau.

Sie hat hier noch lange gelegen, hier irgendwo an der Seite. Und es gab hier eine kleine Vertiefung. Wir haben die Kühe hier entlanggetrieben, und die Leute sind hier zur Kirche gegangen.

Ein Tag davor

Sie ist aus einem Transport geflüchtet. Sie hatte Angst hineinzugehen, ins Dorf. Sie wollte es vermeiden, sie ging durch den Wald. Eine junge Frau, ein Fräulein, alleine. Irgendjemand hat wahrscheinlich auf dem Polizeiposten Bescheid gesagt. Er kam auf dem Fahrrad gefahren. Ein Deutscher oder ein Ukrainer. Er hat sie da in dem Wald gefasst.

Danach haben die Leute erzählt, dass sie ihn angefleht hat: „Lieber Herr, schenk mir das Leben!" Er aber hat sie weggestoßen und erschlagen. Und dann befohlen, sie zu verscharren. Ein Junge von hier vergrub sie. Im Wald gibt es schwere Erde, tönerne. Er begrub sie dicht an der Oberfläche. Hunde gruben später ihren Schädel aus.

Da weiter hinten bei dem Holzeinschlag, dort brachten wir die Kühe zum Weiden hin, wir trieben sie diesen Weg entlang. Das war nach dem Krieg. Und öfter haben wir ihn getreten, wir spielten dann mit dem Schädel Fußball. Ja, so sind halt die Kinder.

Ich entschuldige mich, dass ich so spreche, aber sind Sie vielleicht Jude? Die eigenen Leute, das macht einem ja immer was aus. Ja, das Grab kann ich Ihnen zeigen, warum nicht.

Im Wald

Ein bisschen habe ich schon übertrieben mit dem Fußball. Ich habe doch gesehen, wie sehr Sie das mitgenommen hat. Ich fand Sie sympathisch und ich wollte Ihnen etwas erzählen. Es war nicht so, dass wir gegen den Schädel getreten haben. Vor einem Toten, da haben ja schließlich alle Angst.

Ich war noch klein, aber ich erinnere mich daran, wie die Deutschen im Lager die Leichen verbrannten. Es stank, und die Leute sagten, dass wir auch ins Gas gehen würden. Sie hatten Angst. Aber mit denen hatten sie kein Mitleid, so denke ich.

Hier mochten die Leute die Juden eigentlich nicht. Wucherer und Betrüger, so hieß es.

Mir hat ein Gienek Jarosz erzählt, der hier in den Kriegszeiten bei der Bahn arbeitete und auf der Bahnstation war, als einmal ein Transport anhielt und sie durch das Fenster um Wasser baten. Und Geld aus dem Fenster reichten. Ein Deutscher meinte zu diesem Gienek: „Gib ihnen Wasser, aber das Geld nimm zuerst." Und der Pole, so wie ein Pole eben ist, brachte Wasser und gab es ihnen. Die Deutschen nahmen ihm das Wasser ab und weg damit in den Waggon. Und Geld gab es nicht.

Ich denke, dass es hier war. Denn an der Stelle, wo das Grab war, da ist später so eine Vertiefung entstanden. Was wohl aus diesem Schädel geworden ist? Das weiß ich nicht. Vielleicht hat ihn jemand mitgenommen?

Warum sie nicht früher beigesetzt wurde? Die Juden hatten einen anderen Glauben, vielleicht deswegen. Lange lag sie hier, hier an der Seite, ein bisschen weiter.

Danach

Ich kann nicht weitersprechen, gleich muss ich anfangen zu heulen. Dieser Hunger im Krieg.

Das hier war das ärmste Dorf. Als die Grenze hier entstand, da nahmen die Russen die Leute und siedelten sie um. Wir kamen in die Nähe von Lemberg, kehrten aber schnell wieder zurück. Von unserem Haus war jedoch schon nicht mehr als eine Ruine übrig.

Danach nahmen uns die Deutschen alles ab. Eine Nachbarin brachte mir einmal so ein Stück Brot. Das habe ich alles auf einmal aufgegessen. Und fast wäre ich daran gestorben, so krank wurde ich. Ich bekam eine Verstopfung (*Weinen*).

Ich kann nicht weitersprechen.

Wie schlecht die Leute nach diesem Krieg waren, das können Sie sich nicht vorstellen. Wenn ich zu den Birnen ging, dann kam sofort eine Alte mit dem Besen hinter mir her. Und wer würde einem heute noch so eine Birne vorenthalten?

Unser Onkel kam von der Arbeit aus Deutschland zurück. Sie kamen zu ihm in der Nacht, die Banditen. Alles nahmen sie ihm ab, sogar seine Dokumente, den deutschen Pass, nichts hatte er mehr.

Sie hintergingen sich wie die Teufel.

In Narol gab es einen, der hat das Gold aufgekauft. Das, was die Leute auf dem Kozielsk gesammelt haben. Einmal war er mit einem unserer Männer verabredet. Der Goldhändler hat das Gold mit Säure überprüft. Er kam hierher und hat dem, mit dem er verabredet war, ein Gefäß gegeben, und gesagt: Gehen Sie schon mal vor ins Haus, ich komme gleich nach. Denn er war gerade noch mit jemand anderem am Sprechen.

Und der Mann nahm das Gefäß, das er bekommen hatte, und pinkelte ein bisschen hinein. Damit es nicht so gut funktionierte.

Der Händler warf ihm danach vor, er habe ihm schlechtes Gold angedreht. Aber der andere verteidigte sich, sie hätten doch schließlich die Säure genommen.

So tricksten sich die Leute gegenseitig aus.

Wenn es aber nötig war, dann half man sich. Auf dem Kozielsk schossen die Polizisten auf einen von unseren Jungs, er bekam es in sein Bein. Im Dorf sammelten die Leute daraufhin untereinander Geld für die Behandlung, denn das war eine arme Familie. Und er wurde wieder gesund, lebte lange und starb erst vor Kurzem.

***

Meine Mutter wurde krank, und eine Nachbarin kam vorbei. Sie war Witwe, ihr Mann war an Typhus gestorben, als sie aus

Bessarabien zurückkehrten. Sie blieb mit den kleinen Kindern allein, ich erinnere mich nicht, wie viele es waren.

Sie hatte eine Hütte aus Stein, allerdings war das Dach verbrannt. Sie musste es irgendwie neu bauen.

Sie ging zum Kozielsk, und da hatten gerade irgendwelche Männer ein Loch gegraben.

Sie setzte sich auf den Rand, sie schaut, und da unten glitzert irgendetwas. Sie überlegte, wie sie es anstellen könnte, um daran zu kommen. Auf einmal sagt sie zu einem, der am Graben war: „Ach, wie ich dich liebe!“ Und obwohl er ihr ja fremd war, warf sie sich an seinen Hals und fiel in das Loch hinein.

Und griff direkt nach dem Gold und steckte es ein.

Die Typen sind sauer, sie schreien sie an. Sie aber lässt das, was sie ergattert hat, nicht mehr los. Natürlich haben sie nicht gesehen, was sie gefunden hatte. Es war ein Strumpfhalter, und darin steckten Golddollar. Ich hörte das, als sie es meiner Mutter erzählte. Oj, wie viel sie damals daran verdient hat.

Die Erde war durchsetzt mit Gold.

Die Armut war es, die aus den Menschen diese Grausamkeit hervorbrachte.

Und vielleicht auch ein bisschen die Deutschen. Denn das überträgt sich eben. Wenn einer dich schlecht behandelt, dann gibt es sofort einen zweiten, der dazu kommt.

Aber jetzt mal ehrlich – sind Sie nun ein Pole oder ein Jude? Mir kommt es nämlich so vor, dass Sie zu den Juden halten. Ich habe nichts gegen Juden, es ist nicht so, dass ich irgendwen nicht mag.

***

Vater ist dahin gegangen, meine Schwester auch. Ich erinnere mich, wie ein Händler zu uns gefahren kam. Als Kind war ich sehr neugierig, also ging ich hin und schaute zu. Er hatte eine Waage und hat gewogen.

Unser Leben aber hat das Graben eher nicht verbessert. Mutter erkrankte an Krebs und alles, was wir an diesem Gold verdient hatten, ging an die Krankenhäuser. Sie starb, und Vater heiratete noch einmal.

Als Mutter zu Hause meine Schwester gebar, hat sie danach lange Zeit geblutet. Niemand sagte ihr, sie solle doch zum Arzt gehen. Wahrscheinlich hat der Krebs sie deswegen angegriffen. Sie wurde operiert, danach Chemo, dann war sie zu Hause und starb. Jetzt, wenn jemand an Krebs erkrankt, geben sie ihm Morphium, das betäubt ein wenig. Damals gab es das nicht. Sie schrie.

Irgendwie hat mich das alles abgehärtet.

Die Leute haben später gesagt, dass das Geld vom Kozielsk nichts Gutes bringt. Das bedeutet, dass du nichts daran verdienst, da es menschliches Leid birgt.

Aber ich glaube nicht daran. Leute können einfach nicht gut mit Geld umgehen.

***

Ich habe immer gut gelernt, ich hatte einen Kopf dafür. Vater mochte es jedoch nicht, wenn ich Bücher las. Du sitzt da, machst nichts, das bringt dir nichts, so sagte er. Nach der Schule begann ich zu arbeiten, und ich war mein ganzes Leben lang Maurer.

Worauf ich stolz bin? Vielleicht darauf, dass ich die Kapelle in Łukawica mitgebaut habe.

Wenn ich weiter gelesen hätte, ob ich dann heute ein Lehrer wäre? Ich mag nämlich die Jugend.

Heute sind die Leute besser. Das kann man an allem sehen. Sie lächeln und wollen sich gerne unterhalten. Die Leute haben ein bisschen Geld, Rente, und es geht ihnen besser. Sie sind ehrlicher. Der Verkäufer holt die Sachen, gibt auf den Groschen heraus und ist nicht darauf aus, andere zu betrügen.

Ein bisschen edler ist es, dieses Volk.

Die Anden

Marian Ś. aus Chlewiska

Ich war der Meinung, dass dies ein Friedhof ist. Und deswegen bin ich auch nicht dahin gegangen. Dass es dort keine Hinweise darauf gab? Aber muss man so etwas kennzeichnen? Diejenigen, die dahin gegangen sind, die wussten wohl, dass dort eine Gasanstalt gewesen war. Überall lagen menschliche Überreste herum.

***

Erst haben sie Vater geholt. Als die Deutschen und die Russen kamen, haben sie sofort hinter dem Dorf die Grenze gemacht. Vater hat sie ein paar Mal überquert. Sie haben ihn geschnappt, als er Zucker rüberbrachte. Er kam nach Sibirien. Später siedelten sie dann unser Dorf nach Bessarabien um. Das war wegen des Grenzstreifens. Weggeholt haben sie uns im Jahr vierzig, und zurückgekehrt sind wir zwei Jahre später. Aus der Familie blieben nur wir zwei. Meine Mutter starb dort.

Hier gab es nichts. Das Haus hatten sie auseinandergenommen. Nur der Platz und die Brandreste. Ich war acht Jahre alt, mein Bruder zwei Jahre älter. Die Leute haben sich um uns gekümmert. Ich kam zu dem einen Onkel, mein Bruder zu dem anderen. Dort halfen wir aus. Ob es schreckliche Armut gab? So schrecklich war es eigentlich nicht. Jeder hatte sein Stück Land, seine Kuh. Getreide wurde gesät und geerntet. Wie viele Male wir verfaulte Kartoffeln gelesen haben? Ein Fest war das! Sofort wenn wir etwas aus der Erde gezogen hatten, wurde es gegessen.

Auf den Kozielsk gingen sie aus Habgier. Niemand war wichtig, ob das ein Jude war oder ein Christ. Es gab kein Erbarmen. Der Nachbar hätte da liegen können, und doch wären sie dahin gegangen und hätten gegraben. Ich hatte den Eindruck, dass ich nicht wollte, dass es mir durch das Buddeln in den Leichen besser ging.

***

Ein paar von uns haben sich zusammengetan, wir waren neugierige Jungs und gingen los, um zu schauen. Es war so um zehn Uhr morgens.

Haare, Hände, Finger, ganze Köpfe. Ein unglaublicher Gestank, wenn man auf das Gelände kam. Ich sah eine Grube, sie haben gerade eine Leiche herausgezogen, der Körper war noch intakt. Einer hielt mit der Hand die Haare fest und mit der Schippe, also einem Spaten, hieb er in den Hals, um den Kopf abzuschlagen, denn der Körper hing noch fest dran. Das genau war das „Hackfleisch mit Knochen". Denn sie hackten ja. Danach brach er den Kiefer ab und ab damit in die Tasche. Jeden einzelnen Zahn zog er schließlich nicht heraus.

Und dann nahm er ein Stück Brot und Speck, was er eingewickelt in einem Tuch in der Tasche hatte, und aß alles auf, mit denselben Händen, mit denen er gegraben hatte.

Ich sage genau, wie es war.

Unter denen, die nicht tief in der Erde gruben, gab es auch solche, denen das Graben nicht gefiel. „Tfu!", spuckten sie aus: „So etwas sollte man nicht machen!" Ich sah, wie eine Frau aus Bełżec, eine ältere Dame, zu denen in einer Grube sagte: „Leute, was macht ihr da? Wie kann man nur? In menschlichen Leichen graben?" Sie aber lachten nur darüber, es machte ihnen nichts aus. Einer antwortete: „Wenn es Ihnen nicht gefällt, dann graben Sie doch Ihre eigene Grube."

Diejenigen, die so sehr in die Tiefe wühlten, die nannten die Leute hinterher „Iltisse" oder auch „Stinker", da ihnen der Gestank anscheinend nichts ausmachte.

***

Nein, am Sonntag wurde eher nicht gegraben. Vielleicht ist mal jemand einfach so auf einem Spaziergang vorbeigekommen und hat mit dem Fuß dort etwas bewegt. Alle waren gottesfürchtig, gläubig und der Meinung, dass man am Sonntag nicht arbeiten sollte.

***

Tochter (unmittelbar nach Studienabschluss, in der Verwaltung tätig): „Das kann man sich ja nicht vorstellen. Ich weiß nicht, ob Sie diesen Film gesehen haben, wo in den Anden ein Flugzeug abgestürzt ist. Eine Fußballmannschaft war in ihm geflogen. Sie haben die Leichen ihrer umgekommenen Mitspieler gegessen. Und ich verstehe sie, schließlich wollten sie ja überleben. Aber hier? Sie hatten doch alle etwas zu essen. Mit Armut kann man das nicht entschuldigen."

Vater: „Ich hätte am liebsten so eine Planierraupe genommen und sie alle, wie sie da in den Löchern gesessen haben, zugeschüttet. Man kann vielleicht noch rechtfertigen, wenn jemand nur an der Oberfläche gesucht hat. Anfangs nämlich, wenn man dahin kam, da genügte es, mit dem Fuß zu scharren, und schon guckte ein Schmuckstück heraus. Aber um da zu buddeln?"

Erniedrigung

Zofia S. aus Chlewiska

Später hat dann schon niemand mehr darauf geachtet. Nur dann, wenn wir aus der Schule kamen und es donnerte, dann haben wir zu ihr gesagt: „Kryśka[12], mach den Mund zu, sonst trifft es

12 Der Vorname ist geändert.

noch uns“ (*Lachen*). Klar, als sie das erste Mal damit ankam, da haben alle hingeschaut und waren neugierig. Das Gold hat so geleuchtet. Wir waren neununddreißig Schüler, aber so einen Zahn wie Kryśka hatte niemand.

Hier gab es arme Leute, und sie gehörte zu ihnen. Vom Papa hatte sie ihn bekommen, und ein Zahnarzt hatte ihn ihr gemacht. Ein Schneidezahn, aber ich erinnere mich nicht, ob es der rechte oder der linke war. Wir haben nicht danach gefragt, woher sie den hatte.

Irgendwann kam so etwas in Mode. Aber erst viele Jahre später. Meine Schwägerin hatte auch so einen, sie hat jedoch das Gold in Russland gekauft. Das konnte sie aber nicht einfach so über die Grenze bringen.Sie ließ sich also eine Zahnkrone machen, und zu Hause hat sie die dann rausgenommen.

Am Anfang gab Kryśka mit dem Zahn an, und wir wurden dann neben ihr ganz ehrfürchtig. Sie trug ihn aber nicht sehr lange. In der sechsten Klasse hatte sie ihn auf jeden Fall noch, danach aber nicht mehr. Sie nahm ihn raus, weil ihr die Wurzel davon kaputtging.

Strafe

Waldemar K. aus Chlewiska[13]

Ehefrau: „Ich bin krank, mein Mann wird alles erzählen.“

Er: „Mir ist im Leben nichts Gutes widerfahren. Nur eine Menge Arbeit hatte ich. Meine erste Frau hat sich aufgehängt, nach der Geburt hat sie eine Krankheit bekommen. Der Mund ging ihr zum Sprechen nicht mehr auf. Sie kam ins Krankenhaus

13 Die Angaben über die Familie wurden geändert.

und sprach wieder ein bisschen. Aber dann ist etwas passiert, und sie sprach überhaupt nicht mehr.

Einmal habe ich den Notarztwagen gerufen, der Hurensohn wollte sie aber nicht mitnehmen, weil sie angeblich nichts hatte. Sie kamen angefahren, haben sie sich angeschaut, und der Arzt meinte: „Die nehme ich nicht mit." Und mit ihr wurde es danach noch schlimmer, sie sagte überhaupt nichts mehr.

Es ist im Juni passiert. Morgens kochte sie eine Soße mit Fleisch zu den Kartoffeln und zur Grütze. „Gib dem Kind zu essen", sagte sie und ging nach draußen. Die Schwiegermutter kam und fragte, wo denn Kryśka sei. Ich dachte, dass sie im Garten war und Kohl pflanzte. Die Schwiegermutter meinte jedoch, dort sei sie nicht. Ich fand sie in der Sommerküche, so einem Schuppen, wo im Sommer gekocht wurde. Sie hatte sich so einen Kanister herangeschoben. Das Seil hat sie an einen Dachbalken gehängt. Auf dem Kanister waren noch die Spuren von den Schuhen zu sehen. Sie wollte sich wohl noch auf ihm abstützen, um sich das Leben zu retten, aber der Kanister war zu leicht und rutschte weg. Unser Sohn war nicht mal ein halbes Jahr alt, sie war siebenundzwanzig, zehn Jahre lang waren wir verheiratet. Ich habe ein zweites Mal geheiratet. Der Mann von Celina war im Wald umgekommen, der Wagen war umgestürzt, er ist gefallen und dort an Ort und Stelle gestorben."

Ehefrau: „Ach, wissen Sie, was für einen Kummer wir haben. Ich hatte Krebs, acht Chemotherapien habe ich hinter mir, drei Jahre war Ruhe, und jetzt hat es wieder angefangen. Ich bekomme jetzt die nächste Chemotherapie, ich nehme Tabletten. Multiples Myelom, es sitzt in den Knochen. Selbst den Fußboden kann ich nicht mehr wischen. Ich bin krank, und Waldek auch. Das Bein hat er sich im Wald gebrochen, der Knochen ist verdreht, und die Wunde will nicht abheilen. Daher der Geruch im ganzen Haus. Die Hütte, das Bettzeug, alles. Ich habe nun das

Problem. Ich muss das alles waschen, den Verband, die Hosen, alles stinkt nach Eiter. Er will nicht ärztlich versorgt werden. Können Sie ihn nicht bitte mitnehmen und zum Arzt bringen? Er ist fünfundsiebzig Jahre alt und sagt, dass er sich sein Bein nicht abschneiden lässt. Dickköpfig wie ein Jude."

***

Er: „Die Leute haben die Onkel und Vater als ‚Iltisse' bezeichnet? Weiß der Teufel, woher sie das hatten, aber gehört habe ich davon. Vielleicht wegen der Tiere, die sie nachts im Wald gejagt haben?"

***

Natürlich ist Vater auf den Kozielsk gegangen. Ob er das alleine gemacht hat oder mit seinen Brüdern, das weiß ich nicht.

Es gab dort alles. Ringe, Halsketten, Dollars. Und wenn jemand eine Stelle hatte, in der noch nicht alle anderen herumgewühlt hatten, und er dann sah, dass dort Goldzähne waren, dann hackte er, verdammt noch mal, den Kopf ab, und unter den Arm damit, rein in den Wald, und erst dann schaute er sich genau an, was er hatte. Angst hatte er, dass jemand kommt, ein Polizist.

Nicht nur einmal redete man im Dorf darüber. Da es ja früher noch keine Lampen gab, wir waren ja noch so klein, die Älteren haben auf einem Haufen zusammengesessen und haben gequatscht.

Als die Russen umgesiedelt haben, da ist Papa zusammen mit Mama und einem Bruder ins Nachbardorf geflüchtet. Nach einiger Zeit kehrten sie zurück. Das Haus gab es nicht mehr, jemand hatte es abgerissen und fortgeschafft. Dann haben sie im Stall einen Raum gebaut, mit einer Wand abgetrennt, Fenster in die Wände gehauen, und da wohnten sie. Es war schon nach dem Krieg, als Vater das weggeschaffte Haus wiedergefunden hat, ein paar Kilometer weiter weg. Es stand leer da. Er nahm es auseinander und brachte es zurück. Neu aufgebaut hat er es aber nicht mehr. Sie hatten schon davor ein neues Haus errichtet.

Zehn Meter lang, ein Stückchen Hausflur, dann eine ziemlich große Küche, eine Kammer, wo das Korn aufbewahrt wurde, und noch ein kleines Zimmer. Wir wohnten dort alle zusammen, Mama mit Papa und ich mit meiner ersten Frau.

Und wenn es den Kozielsk nicht gegeben hätte? Mit dem neuen Haus wäre das dann wohl schwierig geworden. Ein paar Złoty sind da immer bei abgefallen.

Ein bisschen unmenschlich war das schon, aber da stand nichts mehr, alles war kaputt und verbrannt. Jeder wollte irgendwie leben. Erst war es der Kozielsk, und danach ging Vater in den Wald und holte Kiefernstümpfe heraus. Die Kiefern waren schon gefällt gewesen, und das Innere in den Baumstümpfen, das war das Holz, das sie sammelten. Das stapelten sie in Metern und brachten es zur Bahnstation, und von dort ging es in Waggons was weiß ich wohin. Sie machten daraus Terpentin. Aber was dieses Terpentin ist, das weiß ich nicht.

Vielleicht haben die Leute gesagt, dass das mit meiner ersten Ehefrau die Strafe fürs Graben war, mir ins Gesicht hat das jedoch niemand gesagt. Ja, Kryśka hat sich in dem neuen Haus aufgehängt.

***

Er wundert sich: „Dass die *Juden* aber auch so viel Gold hatten. Welcher Pole hat schon Goldzähne gehabt."

„Hatte Ihre erste Ehefrau eine Zahnkrone aus Gold?"

„Ja, das hatte sie. Einen Goldzahn, ja hier, hier vorne. Später hat sie ihn aber weggeschmissen, denn der begann von unten her zu faulen.

Ich habe sie nicht gefragt, woher sie den hatte. Als wir heirateten, da hatte sie den bereits. Sie hatte gerade das achtzehnte Lebensjahr zu Ende gebracht, ich war sechs Jahre älter. Ich denke, bestimmt hat sie den auf dem Kozielsk ergattert. Ein Zahnarzt hat ihn umgearbeitet. Wovon hätte sie sich den denn kaufen können?"

„Aber warum trug denn ein junges Mädchen auf dem Land so einen Zahn?“

„Wegen des Aussehens. Schön war der, er glänzte so golden.“

Ihre Eltern hatten ein bisschen Land. Sie hielten sich für bessere Landwirte. Obwohl ja nach dem Krieg alle arm waren. Zu Hause bei ihnen waren sie zu dritt, ein Sohn und zwei Töchter. Der Schwiegervater arbeitete bei der Bahn, der war ein einfacher Arbeiter.

Ehefrau: „Schön war sie, die Kryśka. Auf dem Grabstein gibt es ein Foto.“

Er: „Sie hatte eine goldene Zahnkrone, und alle schauten ihr hinterher. Man dachte, ihre Familie sei etwas Besseres, reicher, sodass man drei Morgen Land hätte haben können (*Lachen*).

„Und haben Sie so viel übernommen?“

„Aber woher denn. Anderthalb habe ich übernommen, sechsundachtzig Ar.“

Ein wenig später: „Die Krone hat der Zahnarzt wohl einschmelzen müssen, sonst hätte sie doch gar nicht gepasst. Die Ringe, die uns unser Schwiegervater gab, die kamen bestimmt auch von dort, vom Kozielsk.“

Ehefrau, irritiert: „Und deswegen dieses Unglück!“

Er: „Ich habe die Ringe umarbeiten lassen. Der für meinen Finger war zu groß und der für Kryśka musste größer gemacht werden. Ich freute mich darüber, dass ich sie bekommen hatte.“

„Und haben Sie sie auch getragen?“

„Hä, wie denn anders?“

„Aber das waren doch fremde Ringe?“

„Auf denen stand doch nichts. Ich erinnere mich noch, dass der Juwelier im Laden sie feilte und zurechtschnitt. Er hatte ein Stück Stoff daruntergelegt, damit die kleinen Goldstückchen, also das, was herunterfiel, nicht vergeudet wurde.“

Ehefrau: „Und deswegen gab es dann das Unglück!“

Er: „Aber warum denn nicht? Das war doch das Leid von anderen Menschen gewesen. Und keiner hat da Profit herausgeschlagen. Sie hätten sie nicht anrühren, diese Leichen bewegen dürfen. Die Asche, das ist doch auch von den Leichen. Ich hingegen habe mich doch auf keinerlei Weise schuldig gemacht. Ich ahnte zwar, woher die Ringe waren, gefragt habe ich aber nicht."

Ehefrau: „Angst hatte er. Noch dazu den Schwiegervater beleidigen."

Er: „Meinen Ring habe ich irgendwo verloren, und Kryśka wurde mit ihrem beigesetzt."

Ehefrau: „Na, sehen Sie es? Die Schwester seiner ersten Frau ist auch so jung gestorben. Sie hatte was mit dem Blut. Und ihr Sohn hat sich mit dem Auto ums Leben gebracht. So ein Unglück."

Er: „Eine Woche lang hatte er seinen neuen, ganz kleinen polnischen Fiat, er kam auf der Fahrt ins Schleudern."

***

Sie: „Früher waren die Leute gläubiger als heute. Als Kind bin ich zur Roratemesse gegangen. Dafür musste man vor fünf aufstehen, um um sechs in der Kirche zu sein. Und nach der Rorate ging es direkt in die Schule. Wie gerne man in die Kirche gegangen ist! Und heute, wo findest du ein Kind, das so etwas macht?"

Anständigkeit

Marian A. aus Chlewiska

Das ganze Leben lang bin ich anständig geblieben.

Sechsunddreißig Jahre lang habe ich auf dem Bau gearbeitet. Dort wurde geklaut, getrunken, ich aber niemals. Und ich habe mich nicht eingemischt, wenn die anderen geklaut haben.

Nicht nur einmal haben sie mich als Zeugen herbeigeholt, aber ich wollte nie jemand anderem schaden.

Oder diese Situation. Drei Freundinnen sind mit mir zusammen gegangen. Jeden Tag. Wir haben uns zu einem Team zusammengeschlossen. Und irgendwann hat uns dann die Miliz geschnappt. Zwei von uns haben sie mitgenommen, sie sollten das Kommissariat putzen. Ich blieb mit Janka auf dem Kozielsk zurück. Wir suchten in den Abfallhaufen. Und ich fand eine Zahnkrone aus Gold und noch eine aus Stahl. Janka versuchte, mich zu überzeugen: „Weißt du was, Marian. Wir geben ihnen nichts ab. Wir sagen es ihnen nicht." Und darauf ich: „Aber das geht doch nicht." Und sie: „Aber sie sind doch nicht da, sie sind doch zur Miliz gegangen, um dort zu arbeiten."

Unsere Freundinnen kamen zurück und fragten uns: „Habt ihr was gefunden?" Und Janka wandte sich an mich: „Zeige ihnen die Brücke aus Stahl."

Ich aber habe die aus Gold herausgeholt. Wie sauer sie da wurde.

Ich meine, dass man solide bleiben muss, und nicht so wie sie. Bei mir gibt es so etwas nicht. Ich habe so viele Jahre auf dem Buckel und nie habe ich jemanden bestohlen.

***

Vater haben sie getötet. Wir waren acht Kinder. Und es gab einfach nichts.

Zwei Jahre davor waren wir aus Bessarabien zurückgekommen. Als der Deutsche den Russen angriff, da haben sie uns einen Passierschein gegeben, damit wir nach Hause zurückkehren konnten. Unseren Besitz nahmen sie uns ab, und wir kamen mit einem Sack auf dem Rücken hier an.

Vater haben sie wegen einer Kuh umgebracht. Angeblich hatte er sie im Nachbardorf gestohlen. Aber das war er nicht gewesen, sondern die Sowjets. Sie haben das Tier zu uns getrieben und wollten dafür ein Stück Brot und Speck. Papa hatte sie gerade angebunden, als der Eigentümer auftauchte. „Jetzt habe ich dich!“, meinte er. Vater kannte ihn noch von vor dem Krieg.

Sie kamen zu viert. Vor dem Abend. Partisanen. Und nahmen Vater mit. Drei Tage haben sie ihn in einem Keller festgehalten, dann brachten sie ihn in den Wald und befahlen ihm wegzulaufen. Vater antwortete ihnen: „Wenn ihr mich also erschießen wollt, dann erschießt mich direkt.“

Er wollte nicht weglaufen, so wie sie es wollten.

Der, der ihn vergrub, der hat mir das alles erzählt, allerdings erst zwanzig Jahre später. Er hat mir das Grab im Wald gezeigt.

Der Staatsanwalt gab seine Zustimmung, und Vater konnte umgelegt werden. Von ihm waren nur noch die Knochen da, die Knöpfe und ein silbernes Zigarettenetui. Das war nur an einer Stelle angerostet, sonst sah es wie neu aus, dabei hatte es doch so viele Jahre in der Erde gelegen.

Das Zigarettenetui habe ich Vater auf dem Friedhof mit ins Grab gegeben. Als ein Beweis dafür, dass er da liegt.

***

Die Kuh – makellos, jung – wurde sofort, nachdem sie Vater getötet hatten, krank. Sie musste notgeschlachtet werden. Mutter ist nach dem Ganzen erblindet, sie konnte mit den Augen nichts mehr sehen.

Und dann kam der Kozielsk ins Spiel.

Eine Kuh gab es nicht, eine Kuh wurde gekauft, ein Pferd gab es nicht, das Pferd wurde gekauft, einen Wagen gab es nicht, von den Zigeunern wurde einer gekauft. Ein Schrottkarre war das, aber besser als nichts.

Und dann noch meine Schwester, die gerade heiraten wollte. Ein Schrank musste bestellt werden, um ihn ihr als Mitgift mitzugeben. Also wurde er bestellt.

***

Die Kuh kam vom Markt. Mutter trank Milch, sie trank und trank und kam wieder zu sich. Mit dem Pferd hatten wir Probleme. Der Großvater hatte es uns gebracht. Ich bin mit meiner Schwester ins Städtchen gefahren. Sie ging einkaufen, und ich blieb auf dem Wagen zurück. Da kam so ein Typ vorbei, sah sich das Pferd an und fragte, wo denn der Bauer sei. Und ich antwortete, dass ich ja wohl auf dem Wagen sitze. Einen, der älter sei, den würde es nicht geben. Und er darauf: „Das ist mein Pferd."

Er ging los, um die Miliz zu holen. Es stellte sich heraus, dass die Deutschen diesen Bauern umgesiedelt hatten, die Landwirtschaft jedoch zurückgeblieben war. Leute nahmen sich, was zurückgeblieben war. Und von so jemand hatte Großvater das Pferd gekauft. Wir mussten es abgeben.

Wir kauften ein neues, und dieses Pferd wurde uns, so 'ne Scheiße, von russischen Soldaten gestohlen, die es dann zwei Dörfer weiter für Wodka verkauften. Es gab einen, der hat das mitbekommen und Mama benachrichtigt. Sie meldete das bei der Miliz, aber das war für die Katz. Der Onkel und der Sohn meiner Schwester brachten den Polizisten Butter, Mehl und Getreide. Dann erst fuhren sie los, um das Pferd zu holen. Der Polizist holte es bei dem Bauern aus dem Stall und gab es dem Onkel. So ist das gewesen.

Das war ein gutes Pferd. Ein Fohlen hat es uns geworfen.

Mit diesem Fohlen kamen wir aber irgendwie nicht zurecht. Die ganze Zeit scheute es. Bis ein Vetter kam und meinte: „Macht euch keine Sorgen, ich kümmere mich darum."

Die Familie hatte wohl Mitleid mit uns, da es ja keinen Vater gab, gleichzeitig aber so viele Kinder. Er nahm also dieses Fohlen mit, und das gute Pferd blieb bei uns.

Man muss Mensch sein.

***

Das erste Mal war ich da im Frühjahr Fünfundvierzig. Es wimmelte von Leuten. Bei uns war ja so eine Armut. Ich musste mich um die Geschwister kümmern.

Also ging ich dahin.

Und gleich beim ersten Mal hatte ich Glück. Da war ein Erdklumpen, der aus einer Grube kam, ich schaue – und da glänzt doch etwas. Ich reib es ab, fünf Rubel. Ich wusste nicht einmal, was das war, aber es gab einen Vetter, der hat es gesehen und meinte: „Marian, steck das ein, das reicht schon für heute. Und renn zurück nach Hause, damit dir das niemand wieder abnimmt." Die Halbstarken aus Bełżec überfielen einen nämlich und rissen es dir aus den Händen.

Auf dem Weg nach Hause zitterte ich die ganze Zeit vor Angst. Am nächsten Tag wurde ich dann krank von dem Ganzen. Und danach habe ich meine ältere Schwester überredet. Hela blieb vielleicht eine halbe Stunde lang. Dann packte sie mich an der Hand und ab nach Hause. Noch einmal ging sie nicht.

Gott, aber dann kam es ihr hoch, das heißt, sie musste kotzen. Entschuldigen Sie bitte meine einfache Sprache.

***

Zwei Bekannte kamen: Nimm uns mit, sagten sie. Auf dem Abfallhaufen lag ein Schuh. „Schau dir den mal an", sagte ich zu dem einen, der mit mir gegangen war. „Vielleicht ist da etwas in den Sohlen." Also machte er sich mit einem Löffel an die Arbeit. Etwas klapperte. „Da ist etwas!" „Halt die Klappe." Den Schuh in der Hand ging es ab in den Wald. Vierzig Golddollars.

Die Miliz war hinter mir her. Einmal bin ich Richtung Osten bis nach Lubycza gelaufen, und da steht einer mit einem Gewehr. „Bleib stehen, oder ich schieße." Ich aber bin weggelaufen. Ein anderes Mal jagten sie mich durch den Wald, und ich lief rein ins Unterholz und nichts. Wieder konnte ich entkommen.

Später sind wir dann jeden Tag gegangen. Ich mit den drei Freundinnen. Ich kannte keine anderen, mit denen ich hätte mitgehen können, ich war fünfzehn Jahre alt. Die Mädchen waren im gleichen Alter, nur eine war ein Jahr älter. Sie wollten etwas zum Anziehen haben, Geld für Kleidung ausgeben.

Wir gruben keine Löcher, nichts dergleichen. Ich war noch so klein, da hätten sie mich doch glatt zugeschüttet (*Lachen*).

In den Abfallhaufen im Lager haben wir gesucht. Dort gab es irgendwelches Geschirr, Schuhe und Klamotten. Sie haben sich ja schließlich ausgezogen. Und an der Oberfläche habe ich so schöne Ohrringe gefunden, die habe ich meiner Schwester gegeben, und die hat sie sofort verkauft. Sie hat geheiratet und sie musste ja den Schrank bestellen.

***

Wegen dem Kozielsk habe ich die Schule nicht beendet, also habe ich später einen Abendkurs besucht. Eigentlich wollte ich ja lieber auf die Baufachschule. Mutter fing an zu weinen: „Lass mich nicht allein! Lass mich nicht zurück!“ Und so ließ ich es dann sein.

Ein Jahr lang sind wir jeden Tag dahin gegangen, nur am Sonntag nicht. Ein Feiertag – wie könnte man denn? Die Freundinnen haben dann später auch irgendwelche Kurse gemacht.

Danach ist dann niemand mehr gegangen, nur aus Bełżec ein paar und wir eben zu viert. Wenn die Miliz kam, sind wir nicht einmal mehr weggelaufen. Einmal in der Woche nahmen sie uns mit, um das Kommissariat sauber zu machen. Mich nicht, aber die Mädchen schon. Ich musste nur Holz sägen.

***

Wenn der Deutsche die Juden nicht erstickt hätte, dann hätten die Polen in Polen nichts zu tun gehabt. Es wäre Judenland geworden.

Als Minderjähriger habe ich mitbekommen, wie die Bauern redeten. Die Juden würden uns alle vernichten, Geld hatten sie gehabt, sie hatten es verliehen, und wenn einer es nicht zurückgab, dann haben sie ihm das Schwein weggenommen und Schluss.

Das Blut der anderen kam über sie, sie erhielten ihre Strafe. Es ist schon so, irgendwann gibt es Gerechtigkeit.

Ich sage genau das, was ich gehört habe. Meiner Meinung nach sollte es jedoch keinen Mord an Lebenden geben.

Ob ich Mitleid mit ihnen gehabt habe? Was hätte mir denn leidtun sollen? Wir hatten Angst um uns selbst.

Einmal im Krieg ist eine Jüdin mit ihrem Kind geflüchtet. Sie ging durch das ganze Dorf, nirgendwo wurde sie aufgenommen. Sie kam auch zu uns, zu dem Haus ganz am Ende des Dorfs. Meine Eltern haben sie hinter den Ofen gesetzt mit ihrem Kind, sie gefüttert und aufgewärmt. Sie saß da bis zum Abend, und dann hat Vater sie gebeten: Nun geh schon! Er hatte Angst, dass sie uns mit der gesamten Familie nach Bełżec brachten.

Sie bedankte sich dafür, dass sie bleiben konnte. Sie ging weg, und es ist nicht klar, was aus ihr geworden ist.

***

Ich bin mein ganzes Leben lang anständig geblieben, nichts habe ich gestohlen, ich habe niemandem einen Schaden zugefügt. Und darauf bin ich stolz. Bis heute ist es so, dass ich nach Tomaszów fahre und auf der Straße höre: „Gibt es was Neues? Wie geht es dir?“ Leute halten mich auf, sie möchten reden. Ich werde geachtet.

Wir haben dort die Wache der Miliz gebaut, Wohnhäuser und weiter weg Gebäude der Genossenschaften und der landwirtschaftlichen Betriebsgemeinschaften.

Sofort nachdem das losgegangen war mit dem Bauen, bin ich nach Sokał gefahren. Am Anfang wollten sie mich nicht annehmen, denn ich war zu jung, aber der Bauleiter, ein Szczepański aus Krakau, der war eine Seele von Mensch und stellte mich an.

Hundertfünfzig Leute, Baracken, eine Küche, ein Essensraum. Das Essen für die Leute musste man von neun Kilometer weit weg holen. So ein Alter mit einem Pferdewagen hat das gemacht, und mich haben sie mit ihm mitgeschickt. Brot, Wurst, Fleisch, einfach alles.

Und einmal sagen die, die mit mir in einem Zimmer geschlafen haben, zu mir: „Marian, kannst du uns nicht auch etwas organisieren. Du könntest uns doch auch mal etwas mitbringen."

Und ich habe ihnen geantwortet: „Mich könnt ihr dazu nicht bringen, ich bin nicht als Dieb geboren worden."

Denn wenn beim Abnehmer auf der Waage etwas nicht gestimmt hätte, wie hätte ich dann damit vor unserem Bauleiter ausgesehen?

Alle zwei Wochen bin ich nach Hause gefahren. Dem Bauleiter habe ich Holz gesägt, im Ofen habe ich das Feuer gemacht, ich habe sauber gemacht, und er hat mich immer angewiesen, Wurst, Speck und alles andere zuzubereiten. Und dann ermahnte er mich noch: „Marian, das sollst du der Mutter mitbringen."

Er wusste, dass es Armut gab und dass man etwas geben muss. Vier Jahre lang habe ich dann in Ustrzyki Dolne bei einer Genossenschaft gearbeitet, und immer, wenn ich Geld bekam, habe ich erst einmal Mutter etwas geschickt. Damit es etwas für die Geschwister gab.

Das ganze Leben bin ich anständig geblieben und ich habe nichts, was mir auf dem Gewissen liegt.

Und wenn das Blut aus mir heraustriefen würde, ich würde nicht wollen, dass jemand wegen mir zu leiden hat. Dass ich betrogen habe, dass ich jemandem Leid angetan habe, das war nicht ich.

***

Alles habe ich selbst gemacht. Das Haus hab ich auch alleine gebaut. Und den Stall dazu. Es gab dort vier Kühe, zwei Pferde und Schweine, jetzt aber steht er leer. Und das Haus ist jetzt auch fast leer, nur ich bin noch geblieben.

Ich habe einen Sohn, eine Tochter, neun Enkeltöchter, vier Enkelsöhne, fünf Urenkelinnen und drei Urenkel. Sie besuchen mich, aber den Tag über sitze ich hier alleine. Mein Sohn, der bis vor Kurzem mit mir hier wohnte, der ist mir vor Kurzem weggestorben.

Sie sind zu zweit auf dem Motorrad gefahren und dort, wo die alte Kirche war, sind sie in ein Loch gefallen, ein Bein ist ins Rad gekommen, es gab eine Zerrung in den Sehnen. Ein paar Monate lang hat er im Krankenhaus gelegen, dann kam er raus, hat einen Sack mit Kartoffeln von einem Wagen gehoben, er sprang herunter, und wieder ging es ins Krankenhaus. Und deswegen hat er vierzig Jahre lang gehinkt. Und hat darum auch nie geheiratet.

Ein Arzt, ein Orthopäde, wollte zehntausend; eine Garantie, dass er wieder genesen würde, gab er aber nicht.

Geld wollte dieser Mistkerl aus uns herauspressen. Sehen Sie das?

So viele Jahre lang hat mein Sohn gelitten. Sein Herz war schwach, die Leber geschwollen. Dann kam er von einer Operation gegen Venenthrombose zurück, bis abends um neun haben wir Fernsehen gesehen. Morgens ist er dann nicht aufgestanden. Ich dachte, soll er doch liegen bleiben, Arbeit gibt es sowieso nicht für ihn, und ging los, um Schnee zu schippen. Irgendwas kam mir aber komisch vor, denn so lange war er noch nie liegen geblieben. Ich komme zurück, ziehe die Bettdecke weg, und er war schon kalt.

Der heilige Gott weiß, warum das alles so kommen musste.

***

In unserem Team, das waren ich und meine Freundinnen, da haben wir alles zu gleichen Teilen aufgeteilt.

Und wenn die Miliz kam und einen anhielt und du hattest schon etwas, dann haben sie es dir abgenommen. Einmal haben sie uns geschnappt. Drei Typen und sieben Weiber. Auf dem Kommissariat haben sie uns in den Keller reingesteckt. Zwei sind dann gekommen und sagten, dass sie uns erschießen würden und wir ihnen das Gold geben sollten. Und darauf die Weiber: „Huuhuu!" Sie fingen fürchterlich an zu heulen.

Die Polizisten filzten uns, sie filzten und fanden nichts. Denn wenn einer es drauf hatte, dann hat er die kleinen Sachen, die Zahnkronen und die Ringe in den Mund gesteckt und darin behalten.

Und noch etwas sage ich Ihnen über Anständigkeit. Einmal war ich mit drei anderen Mädchen zusammen. Eine, das war eine von hier, die hat mit einem kleinen Spaten ein Loch in dem Müllhaufen gegraben. Groß war das nicht, es ging bis zu den Knien. Und da kamen auch schon vier goldene Münzen zum Vorschein, Fünf-Rubel-Stücke waren das.

Sie nahm sie sich und stopfte sie schnell in ihr Maul. Alle bekamen das mit. Und dann sagte sie, dass die ihr gehörten. Da haben die beiden anderen sich sofort auf sie geworfen und sie mit Gewalt aus dem Mund herausgeholt, na und das wars dann.

Vier Fünf-Rubel-Münzen, das war genau eine für jeden. Aber was war sie für eine Gierige, alles wollte sie für sich alleine.

Es ist keine Frage, dass es sich lohnte, anständig zu bleiben. Wenn ihr zusammen grabt, warum willst du dann schlauer sein als die anderen? Und vielleicht ist ja einer auch ärmer dran als du selbst? Und braucht das eher als du? Teile es auf und behalte es nicht für dich.

***

Natürlich war das eine Sünde. Der Pfarrer wusste, dass die Leute dahin gehen, und einmal meinte er bei einer Predigt, das sei nicht anständig.[14] Und der Mensch war jung, dumm und hatte Angst, eine Sünde zu begehen. Aber darauf hat niemand mehr geachtet.

Einmal habe ich in der Beichte darüber gesprochen, danach aber nie wieder. Dass ich auf den Friedhof gehe, habe ich gesagt. Aber was sollte der Pfarrer schon quatschen dazu, wenn er doch sowieso alles wusste? Also, ich habe alle meine Sünden aufgezählt, so wie man das auf einer Beichte macht, und damals war ich ja schließlich auch noch Junggeselle. Viel hätte ich ja sowieso nicht sündigen können, und er hat mir die Absolution erteilt. Der Pfarrer wusste schließlich, dass die Leute arm waren.

Hintenrum sind sie alle dahin gelaufen und hatten keine Angst vor einer Sünde. Landwirte, die so viele Felder besaßen, die zwei Pferde hatten, auch die sind gegangen. Und ich auch später, als Vater nicht mehr da war. Gut, dass ich früher nicht gegangen bin. Vielleicht habe ich so weniger Sünden begangen?

14 Hier ist vom Priester Jan Kijas die Rede. In den 1920er-Jahren war Kijas der Pfarrer der Kirchengemeinde Bełżec, und in dieser Zeit baute er die Kapelle in Łukawica (etwa fünf Kilometer von Bełżec entfernt). Er finanzierte den Bau selbst. Nach dem Krieg hielt er dort Messen. Kijas starb im Jahr 1988 im Altenheim für Priester bei Krakau. Die Chronik der Gemeinde aus der Nachkriegszeit ist nicht erhalten, sodass nicht bekannt ist, ob und wie Kijas das Aufwühlen der Leichengruben des ehemaligen Vernichtungslagers Belzec erwähnte. Auch im Gemeindebuch von Bełżec findet der Raub auf dem Lagergelände keine Erwähnung.

Kraft

Leon O. aus Chlewiska

Im Leben ist Gesundheit wichtig, Ruhe bei dir zu Hause, na, und eben Kraft.

Kraft ist das, was zählt.

Ich habe spät an Kraft gewonnen. Als ich Józia geheiratet habe.

Ich war der Kleinste im ganzen Dorf.

***

Es wurde entschieden, dass mein älterer Bruder Schneider werden sollte und ich auf dem Hof bleibe. Ich wurde dazu bestimmt. So hatte Vater das entschieden.

Mein Bruder machte seine Ausbildung, und wir haben die ganze Zeit am Haus gebaut, denn als wir von der Umsiedlung zurückkamen, da stand nur noch der Schornstein. Als mein Bruder gelernt hatte, wie man Männerhemden und Mäntel nähte, da änderte er seine Meinung. Er beschloss, doch im Haus zu bleiben, und so war es dann eben.

Er hat sich vorgedrängt. Sich hier niedergelassen.

Zu Vater hat er gesagt, dass ich ja doch nicht heiraten werde, dass mich ja keine haben will.

Sogar meine Oma hat das im Dorf rumerzählt, so wurde mir das zugetragen.

Mein Bruder zeigte mir, wie man näht, und ein bisschen habe ich das dann gemacht. Mützen, zwei in der Woche. Oder auch Hosen. Und nicht nur welche für den Alltag, sondern auch welche, um damit zur Kirche zu gehen. Bessere Ware. Allerdings hat mein Bruder die Schnittmuster bei sich behalten. Bis sogar Vater zu ihm meinte: „Na, nun zeig sie ihm doch, damit er alles weiß."

Er aber wollte nicht. Er wollte lieber einen Knecht haben, der ihm auf dem Feld half, und einen Schneider im Haus. Am Ende habe ich mich dann von ihm gelöst.

Der Familie habe ich immer wieder gesagt, dass ich heirate, wenn die Zeit reif ist, und so passierte es dann auch. Ich war dreißig Jahre alt und Józia sieben Jahre älter als ich. Zufrieden waren sie nicht, als ich das Haus verlassen wollte. Ich ging aber trotzdem, hierhin, zu den vierzehn Hektar, die mein Vater mir zuteilte.

***

Sie gruben eine Grube, und wir schauten uns das an, was sie nach oben schippten, die überflüssige Erde. Und mein jüngerer Bruder fand einen Kiefer, der unten ganz aus Gold war. Er sah etwas Gelbes und nahm es in die Hand. Ich habe damals mit ihm zusammen gegraben, gefunden habe ich aber nichts. Ich war schon ein wenig klüger, und wenn ich etwas in die Hand bekommen hätte, dann hätte ich das bestimmt niemandem gezeigt. Er aber fing an, sich das vor allen anderen anzuschauen.

Na, und am Ende schafften wir es nicht. Einer von denen, die in der Grube am Graben waren, bemerkte etwas und sprang heraus. Er hielt meinen Bruder an der Hand fest, riss ihm mit Gewalt das Gold aus der Hand, und das war's dann.

Mein Bruder war damals neun Jahre alt, und ich war fünf Jahre älter. Und der Älteste, der ist auch mit uns zusammen gegangen, er war zwei Jahre älter als ich. Vater wollte nicht mit uns kommen, er hatte an beiden Füßen riesige Hühneraugen, die hatte er bei der Armee bekommen und die kamen immer wieder zurück.

Es war nicht angenehm, es war nicht schön. Ich hatte damals Schicht, ich hütete die Kühe ein Stück weit entfernt vom Kozielsk. Die ganze Zeit hatte ich Hunger, aber nach der Arbeit ging ich trotzdem hin.

Man lebte von der Hoffnung.

Man musste eine schwere Arbeit verrichten und trotzdem fand man manchmal gar nichts.

Und es gab auch solche, die nur absahnten. So einer kam erst tagsüber, um zu sehen, wo genau gegraben wird und wo welche schon bis an die Kohle rangekommen waren, und später, am nächsten Tag frühmorgens, ist er dann in die Grube reingekrabbelt. Unverschämt. Und keiner war da, der ihn hätte vertreiben können, das gehörte ja schließlich niemandem. Und wohin solltest du schon gehen, um dich zu beschweren?

Die Leute sagten, dass die aus Bełżec so drauf waren. Gerne das nahmen, was andere vorbereitet hatten.

Oder dann, wenn die Miliz die Leute verjagte. Wenn sie kamen, dann haben ja alle die Beine in die Hand genommen. Und sind weggelaufen. Und dann gab es welche, die genau in diesem Moment kamen und die Situation ausnutzten. Offensichtlich hatten sie gute Kontakte zur Miliz. Ich aber bin sogar noch nicht einmal davongelaufen, ich war ja kleingewachsen. Wie viele Male war die Miliz direkt neben mir, und sie haben nichts zu mir gesagt.

***

Einen Ring wollte ich gerne haben. Aber ich habe ja nur an der Oberfläche gesucht, und was kann man da schon finden?

Warum gerade einen Fingerring? Ich hätte ihn nicht verkauft, ich hätte ihn bis zum heutigen Tag behalten. So ein schöner Schmuck, so etwas habe ich nie gehabt, ich hatte nur den Ehering zur Hochzeit. Józia hat einmal einen Ring gefunden und auch noch mehr, auf dem Kozielsk eben. Sie ist da regelmäßig hingegangen, als sie noch nicht verheiratet war.

Das ging für ihren Ehemann drauf. Ich habe sie nämlich als Witwe geheiratet. Ihr Mann starb an Tuberkulose. Als er krank wurde, da haben sie den Ring, eben alles, für die Medikamente verkauft.

Einmal habe ich so eine Goldbrücke gefunden. Sechs Zähne, für unten. Alle haben verkauft, also habe ich es auch so gemacht. Und wer kannte sich damals schon aus mit Gold? Für die Zähne habe ich mir in Tomaszów einen Pullover gekauft. Einen roten mit Gelb. Ich habe ihn viele Jahre getragen, früher hat man Sachen noch geachtet. Der war schön, zur Kirche habe ich den getragen.

***

Meine Familie hat mir gesagt: Das schaffst du nicht. Dass mir die Kraft nicht reiche, dass ich beim Hausbau nicht zurechtkomme, dabei hatte ich eher Wasserleitungen gelegt als mein Bruder, der das väterliche Erbe bekam. Ich lud ihn ein zu mir zum Baden, aber er traute sich nicht zu kommen. Ich hatte da schon nichts mehr gegen ihn, obwohl er sich vorgedrängelt hatte.

Als ich Józia kennenlernte, da habe ich an Kraft zugelegt. Wie sie war? Na, größer als ich eben.

Wir konnten gut zusammen arbeiten. Und haben uns nie gestritten. Dafür gab es keine Zeit. Das ganze Leben lang war sie zufrieden. Ich habe nicht einen Złoty verloren. Alles habe ich ihr zurückgegeben. Vielleicht war ich ja klein, aber das Geld habe ich rangebracht. In einer landwirtschaftlichen Betriebsgemeinschaft habe ich gearbeitet, habe mit dem Pferd für mich und bei anderen gearbeitet. Ich habe gepflügt, gesät, gemäht. Und ich habe verdient. Meine Schwester hatte nach Bełżec geheiratet, und ich bin dorthin zu Leuten zum Arbeiten gefahren. Ich habe bei ihr geschlafen, und das manchmal eine ganze Woche lang ohne Unterbrechung.

Als wir hier anfingen, da gab es nur eine alte Kuh. Aber wir haben es geschafft.

Angefangen haben wir mit der Scheune, und das Haus haben wir ganz am Ende errichtet. Józia hat sich so gefreut. Und Wasser gab es schon. Nur leben.

Wir gemeinsam konnten alles erreichen.

Nur ist sie mir zu schnell gestorben. Fünfundzwanzig Jahre lang haben wir zusammengelebt. Und dann kamen die zwei Operationen.

Leukämie. Erst eine Operation, dann ein Jahr später die zweite. Und es wurde immer schlimmer. Es hat sie Stück für Stück aufgefressen; ich wusste genau, dass sie von mir gehen wird, und sie wusste das ebenfalls.

Ich habe Sehnsucht nach ihr. Noch immer, und wie.

Sie lag im Krankenhaus. Ich bat den Arzt, dass er mich benachrichtigt, wenn die Zeit gekommen ist. Es war mir wichtig, dass sie zu Hause sterben konnte. Und so hat er es auch eingerichtet. Sie haben sie gebracht, drei Tage lang hat sie noch gelebt und hat mich noch erkannt. Bis zum letzten Tag habe ich ihr nicht gesagt, dass sie sterben würde, obwohl sie danach fragte. Sie hätte sich nur noch mehr Sorgen gemacht.

Nachdem sie gegangen war, da sah ich ihr Bild auf Schritt und Tritt. Und hatte schwere Gedanken.

Ich wollte, dass sie zu Hause starb, da ich damals Milch abholte. Die habe ich im ganzen Dorf abgeholt. Ich brachte sie zur Ankaufstelle, und die Kannen brachte ich wieder zurück. Eintausendfünfhundert Liter auf dem Wagen. Es kam vor, dass ich um vier Uhr morgens anfing. Ich konnte doch die Milch nicht auf einmal alleine lassen und zum Krankenhaus fahren.

Gerechtigkeit

Tadeusz Ż. aus Chlewiska

Man sollte heute nicht an die Gerechtigkeit glauben. Die Welt war und ist immer noch nicht aufrichtig. Sehen Sie sich doch an, was passiert in unserem Staat. Die Grenzen wollen sie verändern. Schlesien den Deutschen zurückgeben, und die Ukrainer nehmen sich Przemyśl.

Ehefrau: „Der große Politiker – du kennst dich aber auch mit gar nichts aus!"

Sie nehmen es uns weg! Es ist sowieso schon alles verkauft, das Land, das ganze. Was, das wissen Sie nicht? Zu welcher Schule sind Sie denn gegangen?

Bei uns zu Hause war Mutter immer die klügste. Sie quatschte zu Vater: Józek, alles was du findest, gibst du weg an deine Gruppe, dein Team. Du machst viel, aber andere übers Ohr hauen, das kannst du nicht. Er war ein extrem gerechter Mensch. Er glaubte an die Ehrlichkeit. Was sie ihm da in seinem Team gaben, das war ein Witz. Mutter dachte natürlich, dass sie ihn beschummeln.

Zu viert oder fünft gingen sie los, um ein Loch zu graben. Einer reichte es dem anderen weiter mit der Schaufel, und so ging es hoch bis ganz nach oben. Und natürlich war es so, dass der, der oben war, der das alles durchsuchte, am meisten wegsteckte.

***

Frau: „Ob das eine Sünde war, dorthin zu gehen? Wenn sie doch sowieso schon tot waren und es hier so viel Armut gab, dann war das keine Sünde. Das ist es, was ich denke. Und Sie? Denken Sie, dass es eine Sünde war, die Leichen auseinanderzunehmen? Und dort nach irgendwelchem Geld zu suchen?"

Ich: „Das waren Menschen."

Sie: „Aber sie lebten nicht mehr."

***

Und ich erzähle Ihnen noch etwas. Einmal ist ein Jude davongelaufen. Er ging zu einer Nachbarin, nicht weit weg von hier. Sie wohnte alleine, eine Witwe, ihr Mann war an Typhus gestorben, als sie uns nach Osten wegschafften.

Das war ein bekannter Jude, aus Lipsko, von hier. Er kam also zu ihr und sagte: „Kochen Sie mir ein Hühnchen, ich esse und dann gehe ich weiter. Ich kenne doch die Gegend."

Sie kochte für ihn, gab es ihm, er begann zu essen. Und dann ist diese dumme Schlampe doch zum Dorfvorsteher gegangen. Und der hat die Polizei informiert. Der Mann hatte die Brühe noch nicht auf, da kamen schon die Deutschen an. Ohne zu zögern haben sie ihn erschossen. Und dann befohlen, ihn zu vergraben. Der Sohn des Dorfvorstehers und dessen Onkel haben ihn beerdigt. Vorher haben sie ihm aber noch seine alten Klamotten ausgezogen. Wie niederträchtig.

Der Herrgott aber hat sie bestraft, und aus der Familie ist schon niemand mehr auf dieser Welt.

***

Bei uns gab es den Mietek, meinen älteren Bruder, der damals vielleicht fünfzehn Jahre alt war, aber bereits mehr nach Hause brachte als Vater. Er war in keinem Team, aber gefunden hat er immer etwas. Er war geschickt und schnell. Er kam herangeschossen, nahm es an sich und schon war es seins. Zwei Brillanten hatte er zum Beispiel. Mutter mochte ihn am liebsten.

Sie selbst fand aber auch mehr als Vater. An der Oberfläche suchte sie und hatte Glück. Einmal passierte aber diese Sache. Mutter bewahrte das, was sie gefunden hatte, hier, am Bauch. Vielleicht hatte sie da eine Tasche oder so etwas.

Das passierte in Marcówka, im Gutshaus. Die Ukrainer hatten unseren Teil vom Dorf abgebrannt und viele Leute waren dort untergekommen. Auch wir haben da eine Zeit lang gewohnt, sechs Kinder gab es bei uns zu Hause. Michaś war der jüngste. Er wurde vierundvierzig geboren.

Mutter gab ihm noch die Brust, als sie auf den Kozielsk ging. Und einmal, als sie zurückkam, nahm sie ihr Kind auf den Arm und ging mit ihm raus auf den Innenhof. Michaś hatte in die

Hose gemacht, und Mutter wollte das wegmachen. Und alles, was sie dabei hatte, das ganze Gold, fiel ihr dabei auf die Erde. Sofort kam jemand herbeigelaufen und nahm es ihr weg.

Und Mutter verlor alles.

Und sie verlor auch ihr Glück.

Die ganze Zeit danach erzählte sie davon. Finden konnte sie dann nichts mehr, weder sie, noch mein Vater, noch mein Bruder. Sie heulte viel deswegen, konnte nicht arbeiten deswegen.

Aber dann gewann sie ihr Glück wieder zurück. Als wir in unser Dorf zurückkehrten, richtete Vater in der Scheune einen Raum ein, und da wohnten wir dann. Sie ging auf den Kozielsk, die Sonne schien, sie guckt – und da an der Oberfläche lagen Ohrringe und etwas weiter noch ein Trauring. Sie weinte, so glücklich war sie. „Władziuniu", sagte sie zum Onkel. „Sieh mal. Das Glück ist wieder auf unserer Seite."

Und zeigte ihm Fingerringe, Ohrringe und noch so einen großen Siegelring. Und ich erinnere mich noch, dass es für ein Pferd und eine Kuh den gleichen Preis gab. Siebenhundert Gramm Gold gaben die Eltern aus dafür. Gesundstoßen konnten sich die Leute dank dem Kozielsk.

Mama ging hin, und ich ging mit ihr mit, so wie Kinder es halt machen. Sechs Jahre alt war ich. Kämme habe ich gesammelt. Die lagen da herum und die habe ich mit nach Hause genommen.

Die Ehefrau lacht: „Typisch Kind, was? Womit kennen die sich schon aus?"

***

Frau: „Möge so ein Massaker sich nie wieder wiederholen."

Er: „Mögen wir einander lieben, so wie Christus es uns aufgetragen hat, denn daran werdet ihr erkennen, dass ihr Jünger seid."

Keinen Nutzen gebracht

Franciszka T. aus Bełżec

Niemand hat doch damit etwas zustande gebracht. Mama sprach öfter mit der Nachbarin, das war so eine ältere Frau, die hier gewohnt hat. Und die beiden haben gesagt, dass und wenn die Juden den Herrn Jesus auch ermordet haben, dann haben sie ihn eben ermordet, aber auf vergossenem Blut baut man nichts auf.

Das Geld vom Kozielsk hat keinem einen Nutzen gebracht.

Jedes Schwein, das dafür gekauft wurde, ist krepiert. Bei uns gab es zwei. Denn im Frühjahr wurden immer zwei Schweine gekauft. Eins war für Weihnachten und das zweite für Ostern. Und beide sind krepiert.

Mama hat erzählt, dass die Leute das Geld, das sie vom Kozielsk hatten, sogar getauscht haben. Mit denen, die irgendwo anders arbeiteten und ihr Geld von der Arbeit hatten. Es ging ihnen darum, nicht mit diesem blutbesudelten Zeug zu bezahlen.

Als die Leute anfingen, dort Gold aufzusammeln, da sind in Bełżec auf einmal viele Säufer aufgetaucht. Und das war's dann mit dem Geld. Als meine Schwester geheiratet hat, da hatte mein Schwager rein gar nichts. Er konnte nicht einmal die Ringe besorgen. Dabei ging er auf den Kozielsk, als er noch Junggeselle war. Alles hat er versoffen.

Wir waren zu fünft zu Hause, echt arm waren wir aber nicht. Vater ist nicht hingegangen, und Mama auch nicht so oft, die Kinder waren schließlich noch klein. Und später auch nicht, denn da haben sie Razzien gemacht.

Wenn sie jedoch früher mal dahin gegangen war, dann hatte sie immer etwas gefunden. Einmal einen Ohrring. Am nächsten Tag hat sie noch einen anderen gefunden, genau den gleichen. Schön waren die, ein goldener Kreis und in der Mitte weiß.

Ich bin damit zur Kirche gegangen und in die Stadt.

Natürlich habe ich mich darüber gefreut. Ja, das waren die ersten Ohrringe in meinem Leben. Ich habe mir dafür die Ohren stechen lassen. Alle haben gesagt, dass sie schön sind.

Aber warum denn verkaufen. Das waren ja keine Brillanten, nur gewöhnliches Gold, und leicht, da sie ja wenig Goldgehalt hatten. Nur ein paar Złoty hätte Mama dafür bekommen, und mir standen sie ja so gut.

Und irgendwann habe ich dann einen davon verloren, und danach auch den zweiten.

Es hat keinen Nutzen gebracht, sehen Sie?

Oder diesen Ring, den Mama auch noch fand, so ein Glück hatte sie. Ich habe ihn getragen. Einmal kam ein Freund von meinem Bruder, der nahm meine Hand, drückte sie, und da ging er in Stücke. Ich gab ihn Mama, und sie hat ihn irgendwo verkauft. Viel hat er nicht eingebracht.

Noch einmal keinerlei Nutzen.

Aber für das Haus, da hat mir Papa etwas von seinem Gehalt gegeben, das Dach haben wir gemacht. Bezahlt haben wir das in Raten, und der Schwiegervater hat auch noch geholfen. Und mein Mann, der hat alles selbst gemacht.

Mama hat vierundachtzig Jahre lang gelebt, und ich werde im August siebenundachtzig. Ach Leute.

Gut, dass ich nichts von diesem Gold hatte und noch immer lebe. Obwohl, wenn ich Schmerzen habe, dann weine ich und klage, dass das alles zu lange dauert.

***

Also einmal bin ich dahin gegangen. Weil die anderen gingen. Voller Menschen war es auf dem Feld. Bei den Gleisen habe ich mich gebückt. Ich habe ein wenig rumgescharrt, und da hat etwas geblitzt. Ein Zahn und eine Zahnkrone. Eine war leer, aber die andere noch ganz.

Und plötzlich eine Razzia. Unsere Armee. Eine Rotznase war ich, also bin ich nicht weggelaufen. Vier von uns haben sie dabei geschnappt. Sie haben uns befohlen, bei ihnen den Fußboden zu wischen. Eine wollte nicht, denn sie wohnte in der Nähe, und die Soldaten kannten sie. Also haben sie gesagt, wir sollten den Fußboden nur nass machen, sodass es so aussah wie gewischt. Dann kam ein Älterer, er guckte sich um, ist es gewischt? Ja, gewischt. Und er befahl, uns gehen zu lassen.

Das Gold habe ich Mama gezeigt. „Wenn du willst, dann verkaufe es doch", meinte sie.

Ein paar Groschen habe ich dafür bekommen. Aber für mehr als für Süßigkeiten hat es nicht gereicht.

Eigentum

„Das Öffnen von Gräbern der Personen, die von den Deutschen ermordet wurden, um Wertgegenstände zu suchen, ist ein Verbrechen, es handelt sich nämlich um den Versuch der Aneignung von Gegenständen, die Eigentum des Staates sind."

Auszug aus der Mitteilung des Bürgermeisters der Gemeinde Bełżec vom 22. Februar 1946.[15]

15 Es sind viele Dokumente überliefert, in denen von den Goldgräbern auf dem Gelände des ehemaligen Vernichtungslagers Belzec unmittelbar nach dessen Auflösung durch die Deutschen und kurz nach dem Krieg die Rede ist. Sie befinden sich vor allem in den Akten des Ermittlungsverfahrens, das in den Jahren 1945 und 1946 im Auftrag der Hauptkommission zur Erforschung der Deutschen Verbrechen in Polen geführt wurde. Es handelt sich unter anderem um Zeugenaussagen von Einwohnern von Bełżec und um Berichte von Ortsbegehungen, die im Zuge der Ermittlungen durchgeführt wurden.

Wahrheit

Władysław W. aus Warschau (dreihundertzwanzig Kilometer von Bełżec entfernt)

Ich bewundere Sie, dass Sie so nach der Wahrheit suchen.

Ich bin Professor für neuere Geschichte. Ich beschäftige mich mit der Besatzungszeit und Polen in der Nachkriegszeit, ich habe also alle Kompetenzen, um den betreffenden Zeitraum zu beurteilen. Ich kenne die Geschichte der Polen und Juden in den Gebieten, die die Deutschen unterworfen hatten. Und das nicht nur aus der Literatur, sondern ich habe das alles auch mit eigenen Augen gesehen. Der Grund für alles, was während des Zweiten Weltkriegs stattfand, waren die Deutschen und nicht die Polen.

Die Wahrheit und nichts als die Wahrheit. Anders macht das keinen Sinn. Man kann sagen, dass ich mein ganzes Leben lang versucht habe, die Wahrheit aufzuzeigen und das Schlechte nicht zu rechtfertigen.

Sie müssen wissen, dass in den 1970er-Jahren im Radio Freies Europa mein Buch besprochen wurde. Ich hatte über die Partisanenkämpfe geschrieben. Und über den Äther wurde gesagt, dass ich viel Mut bewiesen habe, denn ich hatte die Heimatarmee und die Bauernbataillone erwähnt. Ich hatte Zugang zu Dokumenten, denn damals habe ich im Archiv der Abteilung für Parteigeschichte gearbeitet. Ich habe zwar bei den Tätigkeiten der Polnischen Arbeiterpartei und deren Abteilungen stark übertrieben, mein Buch wurde aber trotz der verdrehten Darstellung in der Sendung positiv bewertet.

Einer meiner Kollegen hat mich als Rechten bezeichnet.

Ich war kritisch eingestellt. Als ich einmal Mitarbeitern der staatlichen Verwaltung in Warschau Seminare gegeben habe, am Dzierżyński-Platz, da ist in der Pause eine Studentin auf mich zugekommen und meinte: „Herr Professor, haben Sie denn keine Angst, wenn Sie so sprechen? Wir bekommen schon Angst, wenn wir so etwas nur hören."

Damals, während der Vorlesung, wollte ich die Wahrheit über die Volksrepublik Polen verbreiten, zeigen, dass man darüber sprechen muss, und die Fehler ansprechen, die von den Behörden begangen wurden.

Nach der Pause habe ich ihnen dann gesagt, wie die Wahrheit aussieht. Es gibt zwei heilige Sachen. Man kann die gegenwärtige Parteiführung nicht kritisieren. Die vergangenen schon, das wird sogar gerne gesehen, und außerdem – das habe ich hinzugefügt – ist es nicht erlaubt, die polnisch-sowjetische Freundschaft infrage zu stellen. Wenn ihr keine Probleme wollt, dann rührt ihr diese Fragen nicht an.

Ich war niemals ein überzeugter Kommunist gewesen. Ich habe mich immer als Pole, als Patriot gefühlt und hatte lediglich Zweifel, dass es ein Leben nach dem Tode gäbe. Ich bin also rational an die Sache herangegangen.

Heute habe ich meine Ansicht geändert. Ich glaube an Gott.

***

Ich bin in Chlewiska geboren. In den 1960er-Jahren habe ich an das Ende meines Familiennamens ein „-ski" gehängt.[16] Meine Frau hat mich zu so einem Blödsinn überredet. Den Wortstamm habe ich so gelassen.

Mein Vater hatte viel Land, solche wie ihn gab es im Dorf vielleicht noch zwei oder drei andere. Sie haben uns nicht in den Osten umgesiedelt, wir schafften es, ins Nachbardorf zu flüchten. Später haben wir auch das Haus umgesetzt. Als die Deutschen die Russen verjagt hatten, da haben wir unsere Kate genommen und sind wieder zurückgegangen.

16 Damit sollte der Familienname aufgewertet werden. Anm. d. Übers.

Reichtum gab es nicht, so wie es eben auf dem Land ist. Nach dem Krieg, als ich im Gymnasium in der Kleinstadt lernte, da ist meine Mutter mehrere Kilometer weit gelaufen, um mir trockene Nudeln zu bringen. Vater blickte schon eher über den Tellerrand. Ich ging als Einziger aus der Familie zum Studieren nach Warschau, meine Schwestern blieben zu Hause.

Ich muss Ihnen noch erzählen, wie wir den Juden halfen. Vor dem Krieg hat mein Vater für einen Juden aus Lipsko gearbeitet, der Juma genannt wurde. In der Kriegszeit hat der sich mit seiner Familie in der Umgebung versteckt. Sie wohnten in einem alten, verlassenen Gutshaus, eigentlich eher einer Kate. Sie kauften eine Kuh und die stellten sie zu uns. Ryfka, die Frau von Juma, kam täglich zu uns, um die Milch zu holen.

Ukrainer im Dienst der Deutschen durchsuchten unser Haus. Ich erinnere mich noch sehr gut, wie sie alles durchwühlten und mir meinen kleinen Hasen abnahmen, den ich im Getreide gefunden hatte.

Jemand hat sie verraten, und Juma kam mit seiner Familie mit allergrößter Wahrscheinlichkeit nach Bełżec.

Natürlich wussten wir ganz genau, was dort vor sich ging. Ich erinnere mich an diesen Geruch.

***

Direkt nach dem Krieg wurde ich Ministrant. Drei Jahre lang. Der einzige hier, denn irgendwie hatten die Leute da keine Lust darauf. In die Kirche ging ich jeden Tag, ich diente bei den Messen, ich fühlte mich wichtig, und die Leute begegneten mir mit Respekt.

Der Pfarrer behielt mich im Auge und machte mir später sogar Vorwürfe: „Wie du den Mädchen hinterherschaust. Es ist zweifelhaft, dass du mal Priester werden wirst.“

Heute als Historiker denke ich, dass die Kirche die einzige Kraft ist, die das polnische Volk retten kann. Denn wenn sich das Volk entwickeln will, dann muss es einig sein. Die Politiker kämpfen um die Macht, die Kirche aber hat die Macht bereits. Sie verfügt nicht über Panzer, aber sie hat die Macht über die Seelen.

Jetzt kam die wichtige Frage nach dem Ministrantentum auf. Ich verdanke genau diesem Zeitraum meiner Kindheit, dass ich später allem kritisch gegenüberstand, was um mich herum geschah.

Die Polnische Vereinigte Arbeiterpartei? Natürlich, ich war Mitglied bis zum Ende. Das war nicht so wie bei einem meiner Kollegen, der sofort, als er Professor geworden war, aus der Partei austrat.

***

So muss es sein, es geht hier um die Wahrheit. Es ist gut, dass Sie danach fragen.

***

Ob ich auf den Kozielsk ging, als ich Ministrant war? Ja, das müsste so gewesen sein, das war schließlich diese Zeit. Ich war vielleicht zwei oder drei Mal dort. Ich dachte damals nicht, dass das irgendeiner Ethik oder Moral entgegensteht. Und außerdem habe ich auch nicht gegraben, ich war ja noch ein Kind.

Ich erinnere mich noch an die folgende Gegebenheit. Ich ging zusammen mit meinem Freund an den Eisenbahngleisen am Lager entlang, und da lag ein Schuh. Wir haben den auseinandergenommen, und im Absatz waren zwanzig Golddollars. Die haben wir verkauft und das Geld unter uns aufgeteilt.

Natürlich habe ich gewusst, wem der Schuh gehört haben könnte, dass er von einem Opfer war. Aber es war ja nicht so, dass wir dort bewusst hingegangen waren, um uns zu bereichern, oder das ehemalige Lagergelände betreten hätten. Der Schuh lag einfach da bei den Gleisen, und wir sind da vorbeigekommen.

Mein Freund hat da etwas anderes behauptet? Dass wir dort deswegen hingegangen sind, weil wir etwas finden wollten? Aber das entspricht nicht der Wahrheit. Sie müssen wissen, dass er aus einer Familie von Dieben stammt. Sein Vater war so etwas wie das „schwarze Schaf" im Dorf; er hat zwei Kühe gestohlen, und unmittelbar nach dem Krieg haben die Partisanen ihn deswegen erschossen. Der Sohn hat das Grab seines Vaters erst nach dem Krieg ausfindig gemacht.

Oder das. Einmal wurde ein Huhn bei uns gestohlen. Meine Schwester ist zu ihnen gegangen, und sie waren gerade dabei, Hühnerbrühe zu kochen.

Mein Freund hat Ihnen nicht die Wahrheit gesagt. Wir sollen damals zu dritt gewesen sein? Daran erinnere ich mich überhaupt nicht.

Außerdem müssten Sie wissen, dass es nach dem Krieg überall große Gruppen von Banditen gab, es herrschte eine Atmosphäre des Hasses.

Die bessere Kleidung versteckte Vater im Stall unter dem Stroh, denn sie kamen, um zu stehlen. Es gab auch Überfälle auf die Züge, in denen Leute von der Arbeit in Deutschland zurückkehrten. Ich denke, dass der Vater von meinem Freund vielleicht in so einer Gruppe war, die Überfälle machte. Entschuldigen Sie, dass ich so negativ über ihn spreche, aber ich habe doch gesehen, dass seine Schwester bessere Klamotten hatte, und ich dachte mir, das ist bestimmt deswegen.

Sie sollten ihm keinen Glauben schenken. Das hat er Ihnen deswegen gesagt, weil er neidisch auf meine wissenschaftliche Karriere ist.

Ich erinnere mich nicht mehr, wofür ich das Geld von dem Schuh ausgegeben habe. Vielleicht für meine Kleidung im Gymnasium, oder vielleicht auch schon für das Studium. Ich habe sparsam gelebt, weil das so sein musste.

Als Historiker meine ich, dass die Deutschen die Polen irgendwie demoralisiert haben. Ob sie schuld daran sind, dass

Polen im Lager gegraben haben? Ja. Ich denke, dass die Deutschen eine Verrohung der Polen bewirkt haben. Durch ihre Ideologie, ihr Vorgehen. Dadurch, dass sie die Juden ermordet haben. Und die Leute gingen davon aus, dass man sie genauso behandeln kann wie die Deutschen. Natürlich nicht, dass man sie töten, aber doch, dass man ihnen ihr Gold rauben sollte.

Ich bemühe mich, mit den Augen der damaligen Zeit darauf zu schauen.

***

Jetzt erinnere ich mich. Ich war einmal dort. Einmal, ein einziges Mal.

Und das war auf keinen Fall etwas, das massenhaft vorgekommen ist. So sehr hat sich das Volk nicht demoralisieren lassen. Nur diejenigen, die einen schwachen Charakter hatten. Einzelfälle.

Sie gingen dahin, weil sie einen Gewinn daraus ziehen wollten, weil sie sich bereichern wollten, und nicht, weil sie arm waren. So großen Hunger litten sie auf dem Land nicht. Und trotz allem hungerten auch diejenigen nicht, die von den Umsiedlungen zurückkamen.

Sie gingen dahin und gruben und das taten sie entgegen ihrem katholischen Glauben.

Ob ich demoralisiert war? Ich bin aus Neugier dorthin gegangen. Wir haben den Schuh auseinandergenommen, den wir gefunden hatten. Das war schließlich ein Spaß für Kinder.

Kohle

Stanisław K. aus Łukawica (acht Kilometer von Bełżec entfernt)

Zu dritt waren wir damals. Einmal im Leben fiel mir ein ganz schöner Batzen Kohle in die Hände. Mit einem Taschenmesser habe ich die Sohle aufgebrochen. Es gab zwei Münzen, beide im Wert von zwanzig Dollar. Die eine amerikanisch, die zweite kanadisch.

Ich erinnere mich gut daran. Dieser Schuh war ein winziger Schuh. Aus Leder, braun, von einem Kind.

Was wir wissen, und was nicht

Michał Bilewicz aus Warschau

Das ist alles extrem schwierig zu verstehen. Es ist so wunderschön dort.

Ich habe mit meiner Frau die Roztocze-Hügel besucht. Wir sind aus der Richtung Narol gekommen. Ein Fahrradausflug. Die Landschaft war hinreißend.Und dann kamen wir nach Bełżec.

Die Vernichtungslager wurden weit entfernt von den großen Städten errichtet, weit weg von den Menschen, in Wäldern, sie entstanden an schönen Plätzen.

Es wurden solche Orte ausgesucht, an denen es möglich war, das zu verheimlichen, was dort getan wurde.

***

Die Sprache, derer wir uns bedienen, hilft dabei, die wahre Natur der Sache zu verdecken. Sie ist reich an Euphemismen, und das erlaubt uns, unmoralisches Vorgehen in ein Vorgehen zu verändern, das moralisch neutral wirkt. Die Strategen planen nicht, die Soldaten des Feindes zu töten, sie planen einen chirurgischen Eingriff oder die Ausschaltung lebender Kräfte; die Jäger sehen, wenn sie ein Tier töten, kein Blut, sondern nur Farbe.

Der Mensch, der auf einem Friedhof gräbt, um die im Vernichtungslager Ermordeten zu berauben, der gräbt nicht in verbrannten Leichen, er durchsucht die Schlacke oder die Kohle, er zerteilt nicht mit dem Spaten Körper, sondern schneidet Hackfleisch mit Knochen. Diese Sprache schützt die Grabenden vor sich selbst. Sie hilft dabei, die Illusion aufrechtzuerhalten, dass wir gut sind, dass wir anständig sind, dass das hier nichts Besonderes ist.

Aber nicht nur das Durchsuchen der Leichen wurde aus dem moralischen Wertesystem herausgehalten. In der Besatzungszeit schloss man auch die Juden insgesamt aus ihm aus, eine ganze ethnisch-religiöse Gruppe. Das Töten eines Juden war kein schlechtes Handeln, sondern moralisch gesehen egal.

***

In der Holocaust-Erziehung ist es sehr wichtig, nicht nur über den Tod zu sprechen, sondern genauso über das Leben der Opfer davor. Das macht sie zu Menschen.

Es gibt vieles, was ich nicht weiß.

Ich weiß nicht, wie meine Urgroßmutter und ihre Enkeltochter nach Bełżec kamen. Bronisława und Irenka. Ich weiß, dass Irenka von ihrer Mutter in einem Waisenhaus untergebracht wurde. Jemand verriet sie dort, und sie haben sie dort weggeholt. Irenka war damals zwei, vielleicht drei Jahre alt. Ob sie damals zusammen mit ihrer Großmutter Bronia war? Ob sie mit demselben Zug gefahren sind? Vielleicht wurde die Großmutter auch früher oder später aus Kołomyja verschleppt? Das alles weiß ich nicht.

Aber gleichzeitig weiß ich auch sehr viel. Vor dem Krieg wohnte Großmutter in einer schönen Villa, und auf der gegenüberliegenden Seite der Straße befand sich ein Mietshaus, das der Familie Gewinn abwarf. Samuel, der Ehemann meiner Urgroßmutter, war Lehrer an einer Mittelschule, er hat ein Buch über deutsche Philosophie und die Dichtung der Romantik geschrieben. Er war promoviert worden und hatte Erfolge auf schulischem Gebiet und viele dankbare Schüler.

Auf ihre Tochter konnten sie stolz sein. Maria studierte Jura in Lemberg, danach kehrte sie nach Kołomyja zurück, heiratete Izydor, ihre Liebe aus der Schulzeit. Sie verstanden sich gut, er war wie sie Jurist. Sie gehörten zur Elite des Städtchens, Irenka war ihr einziges, ihr geliebtes Kind.

Der Krieg brach aus. Die Sowjets kamen, Samuel wurde zum Direktor der Mittelschule ernannt. Die Deutschen kamen. Der beste Schüler Samuels kam zu ihm ins Haus und führte ihn zur Gestapo. Dort kam der Mann von meiner Urgroßmutter ums Leben.

Ich weiß nicht, ob der Schüler seinen Lehrer hasste. Das muss nicht unbedingt sein, vielleicht fand er die Ausbildung, die er von ihm erhielt, auch gut. Er war Ukrainer, ein Patriot, und der Kampf für eine freie Ukraine bedeutete für ihn, die Juden loszuwerden und mit den Deutschen zu kollaborieren.

Das nächste Unbekannte. Als die Deutschen einmarschierten, da hat Izydor, der Schwiegersohn von Samuel, der Jurist und die Jugendliebe von Maria, Selbstmord begangen. Vielleicht ahnte er, was passieren würde. Er ließ eine Frau und eine Tochter zurück.

Maria kam in das Ghetto von Lemberg, und dort schaffte sie es, sich falsche Papiere zu beschaffen. Sie wurde zu Maria Wojciechowska und fuhr nach Warschau. Jetzt war sie die Ehefrau eines polnischen Offiziers, der im Osten umgekommen war. Sie arbeitete in Bielany[17] als Haushaltshilfe, sie hatte ein „gutes Aussehen", sie überlebte.

Nach dem Krieg heiratete sie, bekam Kinder, aber alle in der Familie wussten, dass ihr echtes Leben vor dem Krieg in Kołomyja stattgefunden hatte, mit Izydor. Sie wollte nie darüber sprechen. Ich weiß also nicht, in welchem Waisenhaus sie Irenka

17 Ein Stadtteil von Warschau. Anm. d. Übers.

zurückgelassen hatte und warum genau dort. Vielleicht hatte sie das Gefühl, dass sie dort sicher aufgehoben war?

Ich weiß, wie Irenka aussah. Ein einziges Foto ist erhalten geblieben. Ein molliges Kind mit einem weißen Mützchen, mit einem Mäntelchen und mit ledernen Schühchen. Ein Jahr später wurde sie nach Bełżec verschleppt.

***

Ich denke schon, dass das so war. Die Familiengeschichte hatte Einfluss darauf, was ich heute mache.

Die Psychologie hat einen skeptischen Blick auf den Menschen, Leute sind nicht von Natur aus gut oder schlecht. Je mehr Geschichten ich lese, je mehr ich höre, entdecke, nachforsche, desto mehr sehe ich sich wiederholende Muster. Ruanda, Srebrenica, Armenien, Bełżec. Die Augenzeugen wollen auch profitieren, wenn sie können.

Schreckliche Angst, Traumata wegen des Völkermords, der sich vor deinem Fenster abspielte, die Erfahrung, die Greifbarkeit, die Prosa des Todes, die Panik, ob man es schafft, die Kinder durchzubringen, das Banditentum, das nach dem Krieg herrschte.

Die Leute wollten leben, oder vielleicht besser leben, die Achtung vor den Toten, das war damals nicht wichtig. Ich bemühe mich, diejenigen zu verstehen, die auf den Kozielsk gegangen sind, die auf ein solch darwinistisches Niveau herabgesunken sind. Ich wende in Bezug auf ihr Verhalten nicht die moralischen Maßstäbe einer wohlhabenden, ruhigen Welt an.

***

Mich faszinieren diejenigen, die vom Schema abweichen. Von dem, was wir normalerweise zur Norm erklären. Jemand kümmert sich um das, was von einem jüdischen Friedhof geblieben ist, obwohl niemand um ihn herum sich dafür interessiert, jemand anderes überreicht einem Museum eine Mesusa, obwohl er sie genauso gut hätte verkaufen können; jemand verhandelt mit dem Nachbarn, damit ein jüdischer Grabstein, eine Mazewa, zurückgeschafft wird, obwohl diese jahrzehntelang als Türschwelle des Hauses gedient hatte; oder jemand sammelt Informationen über die Juden, die in seiner kleinen Stadt gewohnt hatten, denn er weiß, dass auch sie Teil seiner Geschichte sind und er stolz auf diese sein will. Und solche Leute gibt es viele. Sie überschreiten die Barriere, die Polen von den Juden trennt, lassen die Überzeugung hinter sich, dass Juden im Endeffekt keine ganzen Menschen gewesen waren.

Ich war vielleicht vierzehn Jahre alt, als ich mit meinen Eltern auf dem Weg aus dem Urlaub zurück war. Wir machten eine letzte Pause und fuhren zu einem Platz in einer schönen Gegend, versteckt in den Wäldern. Das erste Mal. Meine Eltern erzählten mir, dass hier unsere Familie ermordet worden war. Damals stand auf dem Gelände in Bełżec nur ein einfaches Denkmal.[18]

18 Am 1. Dezember 1963 wurde ein erstes Denkmal auf dem Gelände des ehemaligen Mordlagers Bełżec errichtet. Zentrales Element der Gedenkstätte war ein Steinblock, zu dessen Füßen sich eine „bildliche, zwei Gestalten darstellende Skulptur befand, die das Leiden und die Hilfe der Mitmenschen unter tragischen Umständen“ darstellen sollte. Weitere Elemente waren monumentale Betonurnen, die auf den Massengräbern standen und ewiges Feuer symbolisieren sollten. Eine Ausstellung gab es nicht, und das Gelände war nicht vollständig umzäunt. Erst 2014 wurde in Bełżec eine neue Gedenkstätte eröffnet. Das Konzept geht auf die Künstler Zdzisław Pidek, Marcin Roszczyk und Andrzej Sołyga zurück. Die Gedenkanlage bietet den Massengräbern auf dem Gelände des ehemaligen Lagers Schutz. Hindurch führt ein Weg, dessen Verlauf sich mit der ehemaligen „Schleuse“ deckt, dem Gang, den die Juden zu den Gaskammern gehen mussten. An seinem Ende befindet sich der Ohel – eine Nische, in der eine Tafel angebracht ist, in die Vornamen der Opfer eingemeißelt sind. Museum und Gedenkstätte Bełżec sind eine Abteilung des Staatlichen Museums Majdanek. Eine ständige Ausstellung stellt die Geschichte des Lagers und ausgewählte Biografien seiner Opfer dar.

Ich ging im Wald umher, der dort gewachsen war, wo sich das Lager befunden hatte. Plötzlich sah ich etwas an einem der Bäume. Ich ging näher heran. Es war ein kleines Bild der Mutter Gottes. Jemand hatte es aufgehängt, wahrscheinlich jemand, der aus der Gegend war. Ich dachte mir, dass es hier Leute gibt, denen dieser Ort wichtig ist.

II

Gelber Sand

Ein Durchwurfsieb ist ein Sieb, das eine rechteckige Form hat. Es ist auf verschiedene Weisen anwendbar. Auf einem Bauernhof ist es nützlich. Mit einem Durchwurfsieb kann man den Kohlenstaub von der Kohle trennen oder Gartenerde durchsieben, wenn etwas zu pflanzen ist. Oder den Kompost. Dann bleiben auf dem Sieb die Teile des Düngers hängen, die sich noch nicht aufgelöst haben.

Die Körper der Opfer des Lagers waren verbrannt und ihre Knochen in speziellen Mühlen zu kleinen Teilen zerbröselt worden. Man kann ein Sieb bauen, das sich zum Durchsieben dieser Teile eignet. Manchmal stellen auch Archäologen so etwas her.

Nach dem Krieg wurden auch in Bełżec Durchwurfsiebe genutzt. Ganz gewöhnliche, für den Garten, die man in einem Geschäft kaufte, oder auch welche, die speziell zum Durchsieben von Knochen hergestellt wurden.

Das sieht dann ähnlich aus wie bei einem Komposthaufen. Das Durchwurfsieb wird schräg aufgestellt und mit einem Stock abgestützt. Jemand schippt mit einer Schaufel Erde hinein, und ein anderer schaut sich dies an. Gelber Sand fällt hindurch, und auf dem Sieb hängen bleiben größere Knochen, Zahnkronen, Fingerringe und Geldstücke.

Die Knochen bringt man in den Wald oder vergräbt sie.

In einem Rapport nach einer Ortsbegehung der Miliz heißt es: „Ein Durchwurfsieb mit einem Drahtnetz in der Größe 170 mal 80 cm. Ein Gitternetz aus Eisendraht mit Löchern von 2 ½ cm. Der Rahmen aus Holz, zweifach zusammengezimmert."

Die 1950er-Jahre des letzten Jahrhunderts. Die meiste Arbeit vergibt die Eisenbahn. In Bełżec gibt es eine große Bahnstation für den gesamten Landkreis. Täglich werden Dünger, Rüben und Stahl verladen. Es gibt außerdem ein Sägewerk, eine Post, eine Brennerei, eine Tischlerei.

Und den Kozielsk, also das Gelände, auf dem das Lager gewesen war. Ein großer sandiger Platz. Auf einem Teil davon befindet sich jetzt ein Holzlager.

Von der Bahnstation zum Kozielsk muss man etwa einen Kilometer weit laufen. Im Frühjahr 1943 reißen die Nazis die Gebäude im Lager ab, sie demontieren die Umzäunung aus Stacheldraht, die mit Zweigen getarnt war. Das Lager wird aufgelöst.

Im Jahr 1949 bauen Arbeiter ein Grabmal aus Beton, hier kommen Knochenreste der Opfer hinein. Am Grab legen Delegationen Blumen nieder.

Der Platz liegt an der Hauptstraße, die durch Bełżec hindurch bis zur polnisch-ukrainischen Grenze in Hrebenne und weiter nach Lemberg (Lviv) führt. Von der Straße aus ist der Kozielsk-Hügel gut zu sehen.

Jetzt gibt es keine Horden von Goldsuchenden mehr, so wie direkt nach dem Krieg. Jetzt ist die Zeit der kleinen organisierten Gruppen. Einer steht Schmiere, einer gräbt, einer siebt. Manchmal arbeiten sie in der Nacht im Schein von Öllampen, meistens jedoch tagsüber. Besonders verstecken tun sie sich dabei nicht.

Die Durchwurfsiebe bewahren sie im Wald auf.

Im Jahr 1958 macht ein Polizist des Bezirkskommandos der Bürgermiliz ein Foto von dem Platz, auf dem sich einmal das Lager befunden hat. Es wird in den Ermittlungsakten abgelegt.

Es ist ein Panoramafoto, die eine Hälfte befindet sich auf dem ersten Abzug, die andere auf einem zweiten. Im Hintergrund sind das Gebäude des Sägewerks zu sehen sowie Holzstapel. Im Vordergrund aufgewühlte Erde. Dutzende von Erhebungen und Vertiefungen. Eintausendfünfhundert Meter Oberfläche. Vertiefungen gab es auch in dem Wäldchen an der Seite. Ein paar Jahre zuvor hatten es Förster an der Tötungsstätte gepflanzt. Kiefer, Birke und Eiche. Es gibt auch ein Foto von einem Durchwurfsieb. Es liegt auf dem Sand, neben einem Erdhaufen.

Sie graben dort, wo andere bereits unmittelbar nach dem Krieg gegraben hatten, sie durchsieben Erde, die schon einmal durchsiebt worden ist.

Die zweite Generation Grabräuber.

Werkbetrieb und Löwe

Genannt werden sie die „Goldschmiede“. Der Älteste ist der Chef. Ein arbeitsloser Schmied-Schlosser, achtundzwanzig Jahre alt. Für Freunde Zdzicho[1], überall sonst „Rudy“, der Rotschopf. Der Sohn eines Eigentümers einer beweglichen Dreschmaschine und früher einmal Amateurfußballspieler im Verein der Gemeinde (ein guter Abwehrspieler).

Geschwätzig und streitsüchtig. Er schafft es, einen Freiwilligen aus der Reserve der Bürgermiliz, der ORMO, auf der Straße zu beschimpfen, einen Militär auf dem Bahnhof anzuschreien, eine Wette abzuschließen und nachts ein Kreuz vom Friedhof zu holen. Der König des Bahnhofsbuffets und Stammgast in der Kneipe an der zentralen Kreuzung von Bełżec.

1 Poln. Kosebezeichnung für den Vornamen Zdzisaw. Anm. d. Übers.

Der Träger eines roten Haarschopfs (was noch seine Folgen haben wird), einer lockeren Hand (wenn er zuschlug, konnte er kein Ende finden) und einer Stimme, die einen gefrieren lassen konnte. „Wenn er losbrüllte, dann klang das wie ein Löwe, und man wusste nicht, wohin man rennen sollte", meint ein Bekannter von ihm heute zu mir.

Wenn sie viel Gold finden, dann sagen sie, dass „es gut läuft". Oft „läuft es gut" im östlichen Teil des Lagers. Daneben ist das Wäldchen, und man kann sich darin verstecken, wenn etwas nicht ganz so gut laufen sollte.

Zdzicho verteilt die Aufgaben. Einer schwingt die Schaufel, einer steht Schmiere, und ein weiterer siebt mit dem Durchwurfsieb. Der Bekannte, der sich vor seiner Stimme fürchtete, sieht sie einmal auf dem Kozielsk. Es ist Tag, sie sind dort mit dem Durchwurfsieb. Der Bekannte geht hin, um zu quatschen, und hört, wie Zdzicho seinen Arbeitskollegen Anweisungen gibt. „Haltet euch an die Regeln! Das ist unser Betrieb hier!"

Er kümmert sich darum, wie aufgeteilt wird, was sie ausgraben. Er legt eine Klinge über eine Feile, das ist die provisorische Waage. Als Gegengewicht dienen zwanzig Vorkriegsgroschen.

Pfadfinder sehen die Schändung

Einige Daten aus der Geschichte von Bełżec:

1954 – Die Behörden entscheiden, dass das Gelände des ehemaligen Lagers umzäunt werden soll.

1955 – Für die Umzäunung fehlt die Finanzierung, die Arbeit ruht. Bis zu diesem Zeitpunkt sind vierundfünfzig Pfosten aus Stahlbeton gesetzt worden, die teilweise mit Maschendraht miteinander verbunden sind.

Die Miliz löst die Wache in Bełżec auf. Begründet wird dies damit, dass der Bereich, für den sie zuständig ist, zu klein ist. Von nun an sollen Polizisten der Wache in Lubycza Królewska (sechs Kilometer in südlicher Richtung entfernt) durch das Dorf patrouillieren.

1957 – Die Pfadfinder aus Tomaszów Lubelski (Sitz der Kreisverwaltung, neun Kilometer nördlich von Bełżec gelegen) erheben ihre Stimme. Sie schreiben einen offenen Brief an die Partei, die lokalen Behörden, Veteranenorganisationen und die Bezirksstaatsanwaltschaft.

In zivilisierten Ländern kümmere man sich um Gelände ehemaliger Vernichtungslager, so meinen die Pfadfinder.[2] In Bełżec sieht das anders aus: „Das ist kein Ort, der mit Respekt behandelt wird. Es ist stattdessen ein verlassener Müllplatz, an dem Knochen herumliegen – und das sind leider menschliche. Ähnlich sieht das mit dem Grabmal aus, es ist eine schäbige Ruine und keine Stätte ewiger Ruhe.“

Die Pfadfinder finden, dass die Verantworlichen für die Vernachlässigung die Konsequenzen tragen müssen. Einem offenen Brief ist zu entnehmen:

„Vor einigen Jahren wurde das eigentliche Gelände des ehemaligen Lagers mit einem Maschendraht und Betonpfosten umzäunt. In der Nachbarschaft des Lagers befindet sich ein Holzlagerplatz des Staatsforstbetriebs des Kreises. Es wird ohne jegliche Hemmungen Holz auf das Gelände geworfen, die Pfosten, für die so viel Geld ausgegeben wurde, wurden dabei beschädigt und der Leidensort geschändet. Wer wird endlich für

2 Tatsächlich bestanden Vernichtungslager, also Lager, die von den Deutschen mit dem Ziel der sofortigen Tötung von Opfern eingerichtet wurden, ausschließlich auf dem Gebiet Vorkriegspolens – außer in Bełżec entstanden weitere in Kulmhof (Chełmno), Sobibór, Treblinka und in Birkenau, einem Teil des Lagerkomplexes Auschwitz-Birkenau.

diesen Zustand Verantwortung übernehmen? Warum wurde bis zum heutigen Tag niemand von denen zur Verantwortung gezogen, die staatliche Investitionen, die in die Tausende gehen, zerstört haben? Warum findet diese Schändung bis zum heutigen Tag straflos statt?"

Unterschrieben von Angehörigen der Regionalleitung des Polnischen Pfadfinderverbandes in Tomaszów Lubelski (es folgen die Unterschriften von Antoni Walentyn und von Adam Charachajczuk).

Vertreter der Behörden kommen angereist. Eine Ortsbegehung findet statt. Das Ergebnis: Der Maschendraht wurde teilweise gestohlen, sämtliche Pfosten sind beschädigt.

Im Abschlussbericht der Kommission wird ferner notiert: „Es wurde auch festgestellt, dass die Bevölkerung der umliegenden Dörfer weiterhin die Gräber auf dem Gelände des Vernichtungslagers aufgräbt."

Dreizehn Jahre, nachdem das Dorf Bełżec von der deutschen Besatzung befreit wurde. Über vierzehn Jahre, nachdem der letzte Transport an der Eisenbahnrampe des Lagers angehalten hatte.[3]

Razzia

Im Oktober 1958 macht ein Funktionär des Bezirkskommandos der Bürgermiliz ein Foto des Geländes, auf dem sich einmal das Lager befunden hatte. Tausendfünfhundert Meter aufgegrabenes Gelände. Gerade hatte eine Razzia stattgefunden.

3 Die letzten Transporte mit Juden kamen im Dezember 1942 in Bełżec an. Im Frühjahr 1943 lösten die Nazis das Lager auf. Der Hauptgrund dafür war, dass es keinen Platz für weitere Massengräber gab. Das Dorf Bełżec wurde im Juli 1944 befreit.

Die Polizisten nehmen im Gebäude des Sägewerks ein paar „Goldschmiede“ fest, die versucht hatten, sich dort zu verstecken. Der Sand auf dem Platz des Lagers hat eine gelbe Farbe, und genau solcher befindet sich an ihren Schuhen. Einer von ihnen hat in seiner Tasche eine Goldkrone stecken und ein Stück Schmirgelpapier.

Diejenigen, denen die Flucht geglückt war, holen sie aus ihren Häusern.

Zwei Tage zuvor hatte sich ein Bewohner von Bełżec an die Polizeiwache in Tomaszów gewandt. Er hatte die Meldung zur Anzeige gegeben, dass Gold gesucht wird.

Eine dienstlicher Vermerk in dieser Sache wird an den Wachtposten in Lubycza Królewska weitergeleitet. Der Kommandant vermerkt handschriftlich: „Unter allen Umständen versuchen, sie auf frischer Tat zu schnappen und weiteres Graben zu verhindern.“

Eine goldene Zahnkrone und die Opfer

An diesem Tag unternehmen sie mit ihrem Durchwurfsieb keine besonderen Anstrengungen, ihre Tätigkeit zu verbergen. Als die Polizisten auftauchen, ist es Vormittag. Ein Angestellter des Holzlagers sagt später aus, dass die Festgenommenen „diesem Gewerbe vor allem tagsüber nachgehen“; und dass es vorkommt, dass sie auch am Sonntag kommen.

Die Festgenommenen.

Es sind Bewohner von Bełżec, Junggesellen.

„Gelernter Beruf Schmied-Schlosser (an anderer Stelle taucht er in den Akten auch als Traktorfahrer auf), arbeitslos, 28 Jahre, vorbestraft wegen Beamtenbeleidigung.“

„Gelernter Beruf Tischler, arbeitslos, 26 Jahre, vorbestraft, Einzelheiten fehlen.“

„Gelernter Beruf Fahrer, arbeitslos, 23 Jahre, vorbestraft, Diebstahl."

„Landwirt, 20 Jahre, vorbestraft, Angriff auf einen Beamten, Diebstahl."

„Landwirt, 18 Jahre, vorbestraft, Diebstahl."

„Beruf gelernter Mechaniker, 19 Jahre, nicht vorbestraft."

Kein Einziger gesteht.

„Ich bin zum Sägewerk gefahren, um Holz zu holen. Sie haben mich zufällig festgenommen. Ich bin ein Opfer."

„Ich war gerade auf dem Weg zu einem Freund. Zufällig bin ich über den Kozielsk gekommen."

„Ich war überhaupt gar nicht dort. Ich habe Bier im Wirtshaus getrunken, denn es regnete, und danach bin ich nach Hause gegangen."

„Ich habe zu Hause gesessen und auf meinen jüngeren Bruder aufgepasst, als sie mich holen kamen."

„Ich war im Holzlager, um sie dort an das Geld zu erinnern, das ich noch bekommen sollte. Ich habe da früher mal gearbeitet."

„Ich war im Sägewerk, denn ich habe meinen Vater gesucht. Ich weiß auch nicht, wie die goldene Zahnkrone in meine Hosentasche gekommen ist. Und das Schmirgelpapier brauchte ich, um damit einen Fahrradschlauch vor dem Flicken sauber zu machen."

Im April 1959 verurteilt das Wojewodschaftsgericht jeden Einzelnen von ihnen zu einem halben Jahr Gefängnis „wegen Missachtung einer Ruhestätte tragisch verstorbener Personen jüdischer Herkunft" (ihnen hatte eine Höchststrafe von zehn Jahren gedroht). Sie werden sofort freigelassen, denn bis zur Verhandlung saßen sie in Untersuchungshaft – und das über sechs Monate lang.

Drei von ihnen kommen kurze Zeit später wieder ins Gefängnis. Die Tageszeitung „Sztandar Ludu" (Das Volksbanner), das Organ des Wojewodschaftskomitees der regierenden Polnischen Vereinigten Arbeiterpartei (PZPR), kritisiert das Urteil.

„Ob jedoch die Strafe wirklich ‚hart und der Schuld angemessen ist', wie der Gerichtsvorsitzende in der Urteilsbegründung behauptete [...]? Ob sie wirklich abschreckend auf andere wirkt, wie es die Intention des Gerichts war? Ob der Appell nicht im Leeren verhallt, den der Richter an die Gesellschaft, an die Vertreter des Nationalrats (Letztere tragen schließlich die Verantwortung für die Orte der Massenhinrichtungen), die Bürgermiliz und gesellschaftliche Organisationen richtete, damit sie sich um diesen Ort kümmern, der durch Leiden und Tod dieser ermordeten Menschen geheiligt ist [...], damit nicht zugelassen wird, dass die Überreste der Opfer des Nationalsozialismus geschändet werden?"[4]

Der Justizminister legt gegen das Urteil eine außerordentliche Revision ein und begründet dies damit, dass das Urteil im Verhältnis zum Ausmaß des gesellschaftlichen Schadens der Tat zu milde ausgefallen sei. Der Oberste Gerichtshof erhöht die Strafen gegen den Schlosser-Traktorfahrer und den Tischler um jeweils drei Monate und gegen den vorbestraften Landwirt um ein halbes Jahr Gefängnis.

***

4 Sztandar Ludu, 13./14. 4. 1959, Nr. 92. Verfasserin war Stanisława Gogołowska-Hoch (1908–1996), die stellvertretende Chefredakteurin der Tageszeitung. Sie war jüdischer Herkunft, in der Kriegszeit im Lager an der Janowska-Straße in Lemberg inhaftiert, in der kommunistischen Widerstandsbewegung aktiv, weswegen sie in das Konzentrationslager Auschwitz-Birkenau kam. Sie überlebte, weil sie falsche Papiere mit einem „arischen" Namen hatte. In den 1960er- und 1970er-Jahren veröffentlichte sie in Polen Berichte über ihre Erfahrungen in Auschwitz und Buchenwald.

Justizminister war von 1957 bis 1965 Marian Rybicki. In der Phase des Tauwetters engagierte er sich als Generalstaatsanwalt für die Rehabilitation der Opfer der stalinistischen Säuberungen. Als Justizminister sprach er sich für die harte Bestrafung von Personen aus, die das Gesetz brachen.

*Im Dezember 1958 wandte sich der Vorstand des Verbands der Kämpfer für Freiheit und Demokratie (*Związek Bojowników o Wolność i Demokrację*), in dem sich Veteranen und Häftlinge der nationalsozialistischen Lager zusammengeschlossen hatten, mit der Aufforderung nach einem entschiedenen Auftreten gegen das Aufwühlen von Gräbern an den Präsidenten der Bürgermiliz Ryszard Dobieszak: „Die zahlreichen Berichte über die erschreckenden Aktivitäten der menschlichen Hyänen, die nachts Gräber öffnen, um dort auf den Geländen der ehemaligen Lager des Massenmords Schätze zu suchen, das Herausholen von menschlichen Knochen, um sie für die Produktion von Kunstdünger zu verkaufen, wecken gerechtfertigte und tiefe Entrüstung bei den Familien der ermordeten Kampfgenossen und bei den Verfolgten sowie in der breiten Öffentlichkeit. Informationen über diese Verbrechen werden in der Presse veröffentlicht, sie gelangen über die Grenze und haben zudem unvorteilhafte Kommentare zur Folge.“*

Der stellvertretende Polizeipräsident, Oberst Franciszek Jóźwiak, wies den Kommandanten der Wojewodschaft an, der Schändung Einhalt zu gebieten: „In den Kampf gegen die genannte kriminelle Tat sollte der Innendienst herangezogen werden (Patrouillen, Streifengänge, Hinterhalte legen) genau so wie der operative (Infiltration des Umfelds der Verdächtigen).“

Ich habe keine Dokumente darüber gefunden, dass in Bełżec oder Sobibór die Asche der Opfer „abgebaut“ wurde, um daraus Dünger herzustellen. Über dieses Phänomen schrieb im Fall von Treblinka und Auschwitz-Birkenau beispielsweise Mordechaj

Tsanin, ein Journalist, der in den Jahren 1946/47 durch Polen fuhr und schaute, was aus den jüdischen Vorkriegsgemeinden geworden war. Sein Zyklus von Reportagen für die New Yorker Zeitung „Forwerts“ erschien in jiddischer Sprache.

Tsanin: „[Die Bauern] waren der Meinung, dass die Asche, die die Deutschen auf ihren Feldern verstreuten, um die Spuren ihrer Verbrechen zu verwischen, ein perfekter Dünger ist. Sie hatten bemerkt, dass das Vieh, das auf diesen Feldern weidete, fett wurde und mehr Milch gab. Die Asche ist so etwas wie Manna vom Himmel, sie bringt Reichtum und stärkt die bäuerliche Landwirtschaft. Die Bauern begannen also, die Asche sackweise ‚abzubauen‘. Die ‚Ware‘ hatte ihren Preis, der Marktwert stieg von Tag zu Tag.“

Der Journalist beschrieb auch das Vorgehen beim Suchen nach wertvollen Gegenständen wie Zahnkronen oder Schmuck, die die Opfer vor ihrer Ermordung verschluckt oder in Körperöffnungen versteckt hatten. Polnische Wachmänner, die das Gelände in Auschwitz-Birkenau nach dem Krieg bewachten, sollen zu diesem Zweck eine Konstruktion gebaut haben, in deren Mitte ein aus zwei kleinen Waggons gefertigter Kessel war. Darin wurde Wasser zum Erhitzen gebracht und Asche hineingeschüttet. Schwerere Teile fielen herab. Mit Schaufeln holte man sie heraus. Die Täter wurden vor Gericht gestellt und verurteilt.

Etwas verändert sich

Die Razzia vom Oktober 1958 ist wahrscheinlich die erste Razzia gegen Grabräuber, die in der Geschichte von Bełżec stattfindet, die mit ihrer Verurteilung endet. Unmittelbar nach der Befreiung halten Polizei und Militär viele Male Leute auf dem Kozielsk an, sie verlieren ihre Beute, manchmal wischen sie den Fußboden auf dem Polizeiposten oder hacken Holz und werden dann wieder freigelassen.

In der zweiten Hälfte der 1950er-Jahre ändert sich etwas.

Andrzej Mularczyk veröffentlicht in dem Wochenblatt „Świat" (Welt) den Text „Bełżec – eine Goldgrube. Reportage von einem leeren Feld":

„Und die menschlichen Hyänen gruben die Erde auf, sie durchsiebten mit ihren Fingern die Asche und die Knochen. Sie suchten. Ein Gedenken brauchten sie nicht. Was sie brauchten, war Gold. Das waren die Leute, die es in der Besatzungszeit von den betrunkenen Hilfskräften der deutschen Lagerbesatzung gekauft hatten. Es war dasselbe Gold. Es waren dieselben Leute, die entlang der Gleise die Fetzen der Banknoten aufsammelten, die dort aus den Waggons geworfen worden waren. Sie klebten sie zusammen und brachten sie zur Bank.

In Bełżec begann man, auf großem Fuß zu leben. Gold wurde für Wodka getauscht. Die Beutel waren voll, das Geld klimperte, der Wodka floss. Im Dorf wurde gebaut. In der Gegend wurde erzählt: ‚Oh, Bełżec ist reicher als der ganze Bezirk. Es dauert nicht mehr lange, und es wird eine Stadt.'"

Zu Beginn des Jahres 1956 fährt Mularczyk aus Warschau zum Begräbnis seiner Tante in das Dorf Maziły wenige Kilometer von Bełżec entfernt. Ein Nachbar erzählt ihm von Personenzügen aus Lemberg, die während des Kriegs an der Bahnstation Bełżec vorbeikamen. Die Schaffner geben die Anweisung, die

Fenster zu schließen, der Gestank der verbrannten Leichen ist nicht zum Aushalten.

„Ich erinnere mich, dass es ein schrecklich kalter Winter war, der Schnee lag einen halben Meter hoch", erzählt mir Mularczyk. „Ich überredete die Tante des Nachbarn, mich mit dem Schlitten nach Bełżec zu bringen. Ich habe dort einen Tag lang verbracht. Ich habe mit ein paar Personen gesprochen und mich vor allem auf die Berichte des Vorstehers der Bahnstation konzentriert, durch die die Transporte kamen. Es war nicht so, dass damals jemand bereit dazu gewesen wäre, Auskunft zu geben: Der und der hat gegraben – dafür wäre auf jeden Fall mehr Zeit nötig gewesen. Die Informationen jedoch, die mir mitgeteilt wurden, bedeuteten einen Schock für mich. Ich hatte noch nie zuvor von so etwas gehört. Im Übrigen war ich mir anfangs überhaupt nicht sicher, ob so etwas überhaupt veröffentlicht würde. Alles, was die jüdischen Sachen betraf, der Holocaust, das wurde am liebsten verheimlicht. Der Text wurde trotzdem gedruckt, und so kam es, dass die Geschichte in die Presse gelangte."

In einem Ausschnitt der Reportage von Mularczyk geht es um die Grabräuber, die direkt nach dem Krieg nach Gold suchten. Als der Journalist im Jahr 1956 in Bełżec war, hat er die Löcher von den Grabungen sehen können, das gesamte Gelände war mit Schnee bedeckt.

„Vielleicht hat sich mein Text ja", fügt Mularczyk hinzu, „in einer gewissen Weise mit dem Interesse der damaligen Machthaber gedeckt. Er zeigte eine gewisse Wirkung, da er sich in den Zusammenklang der Geschichte einfügen konnte."

Und dieser Zusammenklang war das Tauwetter im Polnischen Oktober Mitte der 1950er-Jahre. Davor hatte es in der Presse das Thema der Hyänen nicht gegeben. Nach Mularczyk beginnen auch andere, über die Verwahrlosung des Geländes zu schreiben, das zum Grab für vierhundertfünfzigtausend Jüdinnen und Juden geworden war.[5]

Es vergehen noch einige Jahre, bis das Gelände provisorisch hergerichtet wird und dort ein erstes Denkmal entsteht (im Jahr 1963),[6] und noch weiter Dutzende, bis die Menschen, die in Bełżec ermordet wurden, im Jahr 2004 ein würdevolles Gedenken erhalten.

5 Szandar Ludu, 13./14. 4. 1959, Nr. 92: „Es kam einmal ein Journalist aus Warschau nach Bełżec und schrieb einen schockierenden Bericht über das Leiden der dortigen Opfer und über die menschlichen Hyänen. Er richtete scharfe Worte der Kritik an die Institutionen, die mit der Aufsicht über die Plätze des Massenmords beauftragt waren. Es gab einige Aufregung darum [...], dann beruhigte sich alles, und die Schakale von Bełżec fielen wieder über ihre Beute her."

6 Historiker benennen verschiedene Gründe, warum das Vernichtungslager Belzec nach dem Krieg so lange vernachlässigt blieb. Die ethnische Herkunft der Opfer stand quer zur damaligen Erinnerungskultur, die das polnische Martyrium unter nationalsozialistischer Besatzung betonte. Außerdem hatten nur sehr wenige das Lager überlebt, darunter Rudolf Reder, der vor 1939 Eigentümer einer Seifenfabrik in Lemberg gewesen war. Als er nach dem Krieg versuchte, in Krakau einem eigenen Geschäft nachzugehen, wurde er schikaniert. 1951 wanderte er zunächst nach Israel und später nach Kanada aus.
In Polen wurde das Museum in Auschwitz-Birkenau zum zentralen Ort des Gedenkens an die Opfer des Holocaust bestimmt. Die Frage eines Gedenkens vor Ort wurde in der zweiten Hälfte der 1950er-Jahre für kurze Zeit wieder aktuell. In West-Deutschland wurde mehrere Jahre zu den Verbrechen im Lager ermittelt, auch Rudolf Reder sagte in diesem Rahmen aus. 1964 fand in München der Prozess gegen acht SS-Männer aus Bełżec statt. Nur einer wurde schließlich verurteilt.

Der Beweisgegenstand im Mund

Eine Patrouille der Miliz trifft auf dem Kozielsk eine Gruppe von „Goldschmieden" an (Mai 1957). Sie werden festgenommen, ihre Häuser werden durchsucht. Die lokale Presse schreibt über das Ergebnis: „Die Durchsuchung in den Wohnungen der Festgenommenen brachte eine bedeutende Menge an goldenen Zähnen, Kronen und verschiedene Arten von Schmuck hervor, die aus den Gräbern geraubt worden waren."

Es gibt keine Zweifel, wie sie dorthin gekommen sind: „Die Herkunft dieser Wertsachen ist unzweifelhaft, umso mehr, als dass in der Nähe der Häuser, in denen die Diebe wohnen, eine große Anzahl von Knochen und menschlichen Totenschädeln gefunden wurde, die vom Friedhof hierher geschafft und aus denen die Wertsachen herausgebrochen wurden."[7]

Die Grabräuber sitzen in der Arrestzelle in Zamość, sie beschweren sich über die Verpflegung (Kabeljau, Gulasch aus Kabeljau, Suppe aus Kabeljau) und warten auf den Prozess. Der endet sehr schnell.

„Was sollen das für Knochen sein, die in der Nähe des Hauses waren? Und wer hat die dahin getragen?", fragt mich heute ein Zeuge des damaligen Prozesses. „Glauben Sie bloß nicht, was die Zeitungen damals geschrieben haben."

Unter den Beweisstücken des Verbrechens sind zwei künstliche Gebisse, die bei einem der Verhafteten gefunden wurden. Im Prozess stellt sich heraus, wer ihr Eigentümer ist.

„Der Vater von dem, bei dem sie die Gebisse im Haus gefunden haben, nahm den Beweisgegenstand und steckte ihn sich in den Mund", erzählt mir der Zeuge. „Das ist mein Gebiss", sagte er dann. „Dann nahm er das andere, steckte es sich hinein, und

7 Kurier Lubelski, 19. 5. 1957, Nr. 47.

noch einmal dasselbe. Es passte wie geschmiert. Es gab auch einen Zahnarzt, der bestätigte, dass er solche Prothesen anfertigte. Und damit war die Sache zu Ende."[8]

Alle werden freigelassen. Die Beweise fehlten. Danach observieren die Beamten die Leute, die auf dem Kozielsk graben, aus einem Versteck heraus, bevor sie sie festnehmen. Die Polizisten werden zu Zeugen der Anklage.

Mit den Festgenommenen auf ein Bier

Mit vielen Polizisten sind sie bekannt. Sie kommen von hier, kennen Zdzicho und seine Gruppe, haben das gleiche Alter.

Direkt nach der Haft, die vom Urteil beendet wird, wendet sich der Chef des Bezirkskommandos der Bürgermiliz in Tomaszów Lubelski an den Wojewodschaftskommandanten der Bürgermiliz in Lublin. Er hat ein Anliegen in Bezug auf einen Feldwebel des Wachpostens in Lubycza. Er will, dass dieser degradiert und versetzt wird, um „ihn von der ihm bekannten Bevölkerung zu isolieren".

Der Major aus Tomaszów denkt, dass jemand die „Goldschmiede" bei bevorstehenden Aktionen der Miliz warnt: „An dem Ort des Massenmords an der jüdischen Nationalität durch die Deutschen in Bełżec im Landkreis wühlen unbekannte Individuen massenweise die Gräber auf und suchen nach kostbaren Gegenständen. Die Aktivitäten der örtlichen Wache der Bürgermiliz, die das Ergreifen der Schuldigen zum Ziel hatten, brachten nicht den erwarteten Erfolg, was den Verdacht

8 Trotz vieler Bemühungen gelang es mir nicht, die Akten dieses Prozesses zu bekommen. Sein Verlauf ist mir jedoch aus den Erzählungen eines Angeklagten bekannt.

aufwirft, dass jemand von der Wache mit den Besagten nähere Bekanntschaft pflegt."

Der Major ermittelt, dass ein Polizeihauptmeister in Bełżec Familie hat und einen Bruder, der an der Goldsuche beteiligt ist. Zudem soll er die Grabräuber nachsichtig behandelt haben, die er einmal auf dem Kozielsk angehalten hatte.

„Außerdem habe ich ermittelt, dass der Poizeihauptmeister im September 1958, als er sich dienstlich in Bełżec aufhielt, dort vier Individuen antraf, die er begrüßte und anwies, das Gelände zu verlassen, er jedoch diesen Zwischenfall niemandem meldete. Die oben genannte Tatsache beweist, dass der Besagte die Goldsucher vor der Wache der Bürgermiliz warnte."

Auch das Verhalten des Polizeihauptmeisters, nachdem die „Goldschmiede" festgenommen worden waren, gibt Grund zum Verdacht. „Als er die festgenommenen Goldsucher begleitete, versuchte er, mit den Besagten in eine Wirtschaft auf ein Bier einzukehren. Wie er erklärte, hinderte ihn daran lediglich ein weiterer Beamter der Bürgermiliz", stellt der Major fest.

Der Polizeihauptmeister leugnet alles. Nach kurzer Zeit wird er zum Polizeiobermeister degradiert und versetzt. Allerdings nicht wegen der Sache mit den Grabräubern. Ausschlaggebend war, dass er sich im Wirtshaus betrunken und sich mit einem ebenfalls betrunkenen Briefträger geprügelt hatte. „Sie haben sich gegenseitig die Gesichter zerkratzt." Danach verunreinigt er die Wache, wo er im Übrigen in diesem Moment wohnt, da er mit seiner Ehefrau im Streit liegt.

***

Die Personalakten der Polizisten geben ein gewisses Bild der damaligen Beamten wieder. Stanisław M., der verdächtigt wurde, Kontakte zu den Grabräubern in Bełżec zu haben, hatte 1954, als er zur Bürgermiliz kam, sieben Jahre Grundschule absolviert, womit er sich nicht von anderen Angehörigen der Miliz unterschied. Als er sich um die Anstellung zum Dienst bewarb, schrieb er: „Ich wende mich an Sie mit der Bitte, mich in die Reihen der Bürgermiliz aufzunehmen, denn ich habe den Willen, wenn ich in den Reihen der Bürgermiliz diene, die Aufgaben, die ich bei dem Kampf gegen die Feinde der Volksrepublik Polen auferlegt bekomme, gut auszuführen."

1930 in einem Dorf geboren, das fünf Kilometer von Bełżec entfernt liegt, hatte er drei Brüder und zwei Schwestern. „Meine Kindheit verbrachte ich insgesamt gut, wäre nicht 1939 der Kriegsausbruch gewesen", gab er in seinem Lebenslauf an. Die Familie bestritt ihren Lebensunterhalt mit Gelegenheitsarbeiten auf dem Gutshof eines wohlhabenden Landwirts. Stanisław M. arbeitete nach Ableistung seines Wehrdienstes (er erreichte den Rang eines Unteroffiziers) mehrere Monate als Arbeiter in einer Baufirma. Als er dort entlassen wurde, weil es keine freie Stelle für ihn gab, bewarb er sich bei der Miliz. Anfangs bekam er gute Beurteilungen, er absolvierte eine Ausbildung für den mittleren Dienst in Szczytno und wurde befördert. Dann begannen die Probleme mit dem Alkohol.

Anfangs drückten die Vorgesetzten noch die Augen zu. Der zuständige Beamte des Wojewodschaftspräsidiums der Bürgermiliz in Lublin erklärte im Dienstbuch, „dass er eine gewisse Neigung zum Alkoholmissbrauch hat, der Grund dafür ist jedoch vor allem die Einmischung der Familie der Ehefrau in das Eheleben, und dem wiederholten unangebrachten Verhältnis der Ehefrau zum oben Genannten usw." Er präzisierte noch, dass die Ehefrau auf eine kirchliche Heirat dränge, der

der Polizist nicht zustimmen wolle, und dass sie den Ehemann beschuldige, er habe Geliebte („welche das aber konkret sind, kann sie nicht angeben“), sowie, dass er zu wenig verdiene (und derweil „gibt er die gesamte Fleischzuteilung weg“). Nach der Degradierung wurde Stanisław M. an einen dreißig Kilometer entfernten Polizeiposten versetzt. Dort verhielt er sich etwas disziplinierter, jedoch nicht lange.

Im Winter fuhr er mit anderen aus der Polizeiwache, darunter der Kommandant, mit dem Schlitten zu einem gewissen Dorf, um dort einen Bürger in Haft zu nehmen, der eine Strafe absitzen musste. Dem Bürger lag sehr daran, die Sache zu verzögern, da er zu dem Zeitpunkt eine Arbeit hatte. Die Polizisten ließen sich darauf ein, tranken ein wenig Wodka. Auf dem Rückweg fiel der ehemalige Polizeihauptmeister Stanisław M. aus nicht endgültig geklärten Umständen aus dem Schlitten. Seine Reaktion: „Er sah, wie sich die Pferde entfernten, holte seine Dienstpistole heraus und gab acht Schüsse ab, um so den Fuhrmann mit den Pferden zum Anhalten zu bewegen“, wurde der Vorfall im Dienstbuch notiert. „Die Schüsse erregten Aufsehen in der örtlichen Bevölkerung, da Schüsse in dieser Gegend nur äußerst selten zu hören waren.“

Damit war die Sache aber noch nicht zu Ende: „Nachdem er nach Hause zurückkehrt war, überfiel er die Privatwohnung des Kommandanten der Wache der Bürgermiliz mit einem Messer und suchte die Pistole, die ihm abgenommen worden war.“ Seine Arbeit verlor er, als er geschickt wurde, um dienstliche Unterlagen zu holen, sich dabei betrank und sein Chef die Unterlagen mit Gewalt wieder zurückholen musste. Er fasste den Polizeiobermeister auf der Straße und brachte ihn zur Wache. Er schied aus disziplinarischen Gründen nach sechs Jahren Dienst aus der Bürgermiliz aus. In einer abschließenden Beurteilung schrieben seine Vorgesetzten: „Er war ein durchaus fähiger Beamter der

Bürgermiliz, aber diese Fähigkeit konnte er nicht in die Praxis umsetzen."

Der Bewohner von Bełżec, der im Herbst 1958 die Miliz über die Grabräuber auf dem Gelände des ehemaligen Lagers in Kenntnis setzte, fuhr aus irgendwelchen Gründen lieber zum Kreispräsidium der Bürgermiliz in Tomaszów Lubelski, obwohl es zur Wache in Lubycza Królewska näher war (die zudem offiziell für Bełżec zuständig war). Damals leitete Władysław N. die Wache. Er war zwei Jahre älter als der degradierte Polizeihauptmeister. Seine Bildung bestand aus einigen Jahren in der Grundschule, seinem handschriftlich verfassten Lebenslauf zufolge waren es vier, dem polizeilichen Nachrichtendienst nach „fünf–sechs". Er war in Bełżec in einer Bauernfamilie geboren worden. Mit 21 Jahren war er Angehöriger der Freiwilligen Reserve der Bürgermiliz (ORMO), und nach ein paar Monaten trat er der Bürgermiliz bei. Er nahm an Einsätzen gegen die Ukrainische Aufstandsarmee (UPA) sowie gegen die „Heimatarmee" teil (so schrieb er es später in seinem Datenblatt, obwohl es hier wahrscheinlich um antikommunistische Partisaneneinheiten ging). Die Wache in Lubycza Królewska leitete er von Herbst 1957 bis zum Frühjahr 1959.

Unter seiner Leitung führten die Beamten auch einen Einsatz gegen die „Goldschmiede" durch – jedoch auf deutliche Anweisung des Kreispräsidiums der Miliz in Tomaszów Lubelski. Sechs Personen wurden festgenommen. Die Tageszeitung „Sztandar Ludu" fällte ein vernichtendes Urteil über den Einsatz: „Ende Oktober des abgelaufenen Jahres [1958] organisierte die dortige Wache der Bürgermiliz (MO) eine Razzia. Diese wurde jedoch so stümperhaft durchgeführt, dass obwohl sie am helllichten Tag stattfand und obwohl man gesehen hatte, wie die Hyänen gruben, niemand ‚auf frischer Tat' gefasst werden konnte. Die Täter fielen der Miliz erst in die Hände, als sie versuchten, sich durch Flucht zu entziehen." (Sztandar Ludu, 13./14. 4. 1959, Nr. 92).

Władysław N. wurde an einen anderen Posten versetzt. Sein Vorgesetzter begründete dies wie folgt: „Als Kommandant der Wache der Bürgermiliz stammt der Genannte aus der Gegend, zu der die Wache der Bürgermiliz gehört, und was noch schlimmer ist, der Genannte hat eine Reihe von Verwandten und Bekannten, was sich ebenfalls negativ auf seinen Arbeitsablauf auswirkt. Deswegen ist es auch notwendig, ihn als Kommandanten einer Wache der Bürgermiliz in eine andere Gegend zu versetzen. Ebenfalls wurden gegen den Genannten mehrfach Beschuldigungen der Kumpanei usw. gemeldet." Władysław N. verließ die Miliz schließlich nach siebzehn Dienstjahren. Negativen Einfluss auf seine Karriere hatte die Tatsache, dass er Anzeigen wegen Waffendiebstahls und des Diebstahls eines Pflugs nicht nachgekommen war. Zudem ließ er sich leicht „überreden". So habe er, als er einen angetrunkenen Fuhrmann angehalten hatte, dessen Blutprobe nicht zur Untersuchung geschickt, sondern die Probe vernichtet und den Fuhrmann lediglich mit einem Bußgeld belegt, während er andererseits drei Angestellte der Wirtschaftszentrale aus Lublin, die in seine Gegend gekommen waren, um die Arbeit von Nachtwachen zu kontrollieren, wegen Trunkenheit anhielt und unbegründet in Haft nahm.

Kurz nach der Versetzung von Władysław N. fassten die Polizisten der Wache in Lubycza Królewska noch mindestens zweimal Grabräuber in Bełżec, diesmal jedoch aus Eigeninitiative. In beiden Fällen spielte Leon Ch. eine entscheidende Rolle. „Mich jagte so ein Polizist, dem nie auch nur einer entwischen konnte", so beschrieb ihn mir einer der Grabräuber aus Bełżec. Leon Ch. war ein Altersgenosse des degradierten Polizeihauptmeisters und des Kommandanten. Er hatte vier Klassen Grundschule absolviert. Sein Vater besaß ein wenig Land und verdiente beim Straßenbau. Die Familie war kinderreich, und der zukünftige Polizist war gezwungen, „sich in seinen jungen Jahren in den Dienst bei Dorfreichen zu stellen". Was wichtig ist: Leon Ch. stammte aus einem Dorf, das sich über 80 Kilometer von Lubycza Królewska in einem anderen Kreis befindet. Die ersten Jahre der Arbeit bei der Bürgermiliz liefen für ihn leidlich. Sein direkter Vorgesetzter schrieb: „Er kommt nicht gerne zum Dienst und die ihm aufgetragenen Aufgaben erfüllt er nur widerwillig. [...] Moralisch gesehen verhält er sich nicht gut, da er dem Wodka-Trinken zugetan ist, in letzter Zeit gab es zwei Fälle von Trunkenheit, und er gebraucht auch des Öfteren vulgäre Worte." Ein anderer Vorgesetzter fügte hinzu, er betrüge gerne: „Im Monat Oktober bat er aus familiären Gründen um eine Freistellung von der Arbeit; als er diese bekam, nutzte er die Zeit jedoch, um im Wirtshaus in Tyszowcy Wodka zu trinken. Er sagt nicht die Wahrheit, und in seinen Aussprüchen taucht Unwille auf, in den Reihen der Bürgermiliz zu dienen, angeblich weil ihm immer Unrecht geschehe, was aber nicht der Wahrheit entspricht. Er sorgt sich nicht um seine äußere Erscheinung und die Ergebnisse seiner Arbeit."

Leon Ch. verbesserte jedoch schnell seine Noten. Auf der Wache in Lubycza übernahm er die Rolle des Sekretärs der Basisorganisation der Polnischen Vereinigten Arbeiterpartei, der PZPR (Polska Zjednoczona Partia Robotnicza); alle drei Polizisten, von denen ich berichte, gehörten der PZPR an, was damals normal war. Nachdem der Kommandant Władysław N. gegangen worden war, reagierte er im Sommer und im Herbst 1959 blitzschnell, als Grabräuber in Bełżec gemeldet wurden. Beim ersten Mal intervenierte der Polizeihauptmeister Leon Ch. allein und fuhr sofort mit dem Motorrad dorthin. Er nahm damals niemanden fest; einer der Gräber jedoch ließ in *der Grube seine Dokumente liegen. So konnte er später festgenommen werden. Beim nächsten Mal nahm Leon Ch. zwei Kollegen von der Wache mit. Sie gaben ein paar Warnschüsse in die Luft ab, und nach einem tatkräftigen Einsatz („Bleib stehen, du Drecksau!“) fassten sie zwei Grabräuber, darunter den „Rotschopf“, den informellen Chef der Gruppe. Als er Leon Ch. sah, soll er gesagt haben: „Oh, ich habe kein Glück, ich bin das erste Mal hier, und schon werde ich geschnappt.“ Der Polizist antwortete: „Was denn, das erste Mal, ich habe dich doch schon einmal gefasst.“ Und tatsächlich, so war es bei dem ersten erfolgreichen Einsatz gegen die Grabräuber im Oktober 1958 gewesen (damals war Władysław N. noch Kommandant in Lubycza).*

Leon Ch. trat als Polizist entschlossen und unnachgiebig auf. Nach der anfänglichen Skepsis seiner Vorgesetzten erarbeitete er sich den Ruf, einer der fähigsten Polizisten im Landkreis zu sein, und nachdem er mehrere Wachen geleitetet hatte, einer der besten Kommandanten (obwohl er einmal einen Verweis bekam, als er betrunken Auto fuhr). Den Mangel an Bildung glich er mit seinem Einsatz aus. So heißt es in seiner dienstlichen Beurteilung: „Er befragt die Zeugen und Verdächtigen eingehend, aber er begeht dabei Fehler, indem er oft dieselben überflüssigen Ausdrücke wiederholt und nicht besonders gut darin ist, der Form und Orthografie nach gut gebaute Sätze zu formulieren.“ Als Jäger aus Leidenschaft vertiefte er sein Wissen durch das Lesen der Parteipublikation „Im Dienste der Nation“ und „verschiedenartiger Literatur“. Leon Ch. verließ die Bürgermiliz nach 24 Dienstjahren.

Die zweite Generation der Händler

„Sie arbeiten nirgendwo, hängen jeden Tag ab und graben auf dem besagten Platz, suchen, finden verschiedene Gegenstände, die sie sofort abstoßen. Antoni Kowal[9] kauft sie ihnen ab, gemeinsam mit seiner Ehefrau. Die Frau Kowals fährt regelmäßig (alle zwei Wochen) mit dem Zug weg, sie ist ein paar Tage abwesend, wohin, ist nicht bestätigt, es gibt jedoch die Annahme, dass sie unterwegs ist, um den gekauften Goldschrott abzusetzen." Im Herbst 1958 notiert dies der diensthabende Offizier des Bezirkskommandos der Bürgermiliz in Tomaszów in ungelenkem Polnisch in einem Dienstvermerk. Kurz zuvor hat er die Meldung über die Grabräuber auf dem Kozielsk angenommen.

Es vergeht noch viel Zeit, bis die Polizisten die Spur der Händler überprüfen. Und dies machen sie dann auch eher nur zur Show. Das Haus von Antoni Kowal und seiner Frau Pelagia in Bełżec wird durchsucht, die Polizisten finden jedoch nichts. Die „Goldschmiede" waren zwei Monate zuvor festgenommen worden. Auch wenn die Kowals Gold der Opfer des Vernichtungslagers gehabt hätten, sie hätten es schon lange veräußern können.

Kowal hat vier Klassen Grundschule absolviert und arbeitet als Eisenbahnarbeiter, seine Frau hat die Grundschule ein Jahr länger besucht und kümmert sich um die Kinder und das Haus. Der Staatsanwalt konfrontiert sie mit dem Vorwurf der Hehlerei. Sie gestehen ihre Schuld nicht ein, und eine Woche später wird das Verfahren gegen sie eingestellt. Ein paar Jahre darauf werden sie von Beamten der Staatssicherheit aus Tomaszów beobachtet. Sie haben den Verdacht, dass die Familie Kowal (genauer gesagt er und sein Bruder) zum Graben geht und weiterhin mit

9 Vor- und Familienname geändert.

Gold handelt. Sie behandeln ihren Fall im Rahmen der Operation „Totengräber“. Es ist nicht bekannt, wie der Fall endete, es gelang mir nicht, die Akten einzusehen.

Unmittelbar nach dem Krieg hilft Pelagia, sie ist zu diesem Zeitpunkt noch unverheiratet, bei einem Nachbarn aus. Ihm war die Mutter gestorben, und eine Frau hat er noch nicht, er wohnt zusammen mit seinem Vater. Pelagia kümmert sich um das Haus. „Davor putzte sie bei Eisenbahnarbeitern, sie verkehrte unter Leuten von Stand, kam in besseren Kreisen gut zurecht“, so erzählt mir heute ein Bekannter.

Der Nachbar ist Stanisław Nowak, er hatte die größte Annahmestelle für das Gold vom Kozielsk in der Gegend. Er wohnt gegenüber dem Lager, bei ihm bilden sich Schlangen vor der Tür, er hat eine Waage und einen festgelegten Kurs für das Gold.

Bei ihm lernt Pelagia das Handeln. Die zweite Generation der Käufer des Golds aus menschlichen Gebissen.

Der „Rotschopf“ und der Staatsrat

Unterdessen wird in Bełżec weiter gegraben.

Im Frühjahr 1960 entschließt sich Zdzicho, die Staatsbürgerschaft der Volksrepublik Polen abzugeben. Die Entscheidung ist unumkehrbar. Er teilt sie dem Staatsrat mit, er schreibt aus der Untersuchungshaft in Zamość.

„Da ich die haltlosen Verfolgungen nicht mehr aushalte, bin ich gezwungen, diesen Schritt zu vollziehen“, erklärt er dem Rat.

Ein halbes Jahr zuvor war er nach einer Serie von Warnschüssen ein weiteres Mal von drei Polizisten aus Lubycza auf dem Kozielsk festgenommen worden. Die Polizisten waren per Anhalter zum Einsatzort gefahren.

Einer von ihnen gibt später an, dass er zuvor informiert worden war: Wieder „wühlen sie es sehr auf".

Manche der Löcher haben bereits eine Tiefe von drei Metern. Die Polizisten bereiten Hinterhalte vor, haben jedoch keinen Erfolg. Bis zu diesem Tag.

Am Morgen wird Zdzicho von einem Arbeiter, der auf dem Weg zur Arbeit ist, bemerkt. Dieser sieht einen roten Haarschopf, der aus einer Grube herausragt, und ein Durchwurfsieb direkt daneben.

In Untersuchungshaft genommen wird auch der Hausmeister einer Baufirma in Bełżec, der sich eines guten Namens erfreut. Er ist 49 Jahre alt, Vater von drei Kindern. Er ist gerade auf dem Weg, um Klee auf einem Feld zu mähen, als er den Chef der „Goldschmiede" trifft. Er ändert seine Pläne, und als die Patrouille auftaucht, siebt er gerade mit dem Durchwurfsieb. Der Festgenommene fängt fast an zu weinen und bittet darum, ihn freizulassen, es sei doch das erste Mal.

Kleine Knochen und Haare, die auf dem Sieb zurückbleiben, bringen sie in das Wäldchen, das ein paar Jahre zuvor von Förstern gepflanzt worden war (Kiefer, Birke und Eiche).

Zdzicho behauptet, dass er unschuldig sei. Er sei nur gerade vorbeigekommen, und ein anderer habe gegraben. Er nennt einen Namen, aber der Staatsanwalt ist nicht gerade erpicht darauf, die Ermittlungen länger laufen zu lassen. Erst das Gericht ist es, das Gegenüberstellungen anordnet sowie weitere Zeugen vernehmen lässt. Das alles dauert.

Der „Rotschopf" beklagt sich beim Staatsrat: „Die Organe der Bürgermiliz sind mir bereits seit fünf Jahren auf naive Weise feindlich gesinnt, obwohl ich nicht weiß warum, und daraus folgt, dass sie die ganze Zeit nur darauf aus sind, mich ununterbrochen festzusetzen."

Der Rat antwortet nicht.

Das Gericht verurteilt den Hausmeister, bei dem es das erste Mal ist, zu einem Jahr Gefängnis. Zdzicho – als Wiederholungstäter – bekommt zwei Jahre.

„Ich habe ihn oft auf dem Gräberfeld gesehen", sagt ein Polizist nach der Gerichtsverhandlung. „Sogar aus größerer Entfernung konnte man ihn gut erkennen, denn er hat Haare rötlicher Farbe. Wenn er mich sah, ist er immer geflüchtet."

Er kommt aus dem Gefängnis, kauft ein Stück Land im Dorf. Es liegt direkt neben dem ehemaligen Lager. Er baut ein Haus, er heiratet. Ein wenig haben sie im Dorf Angst vor ihm, dem direkten Nachbarn verkündet er jedoch: „Solange ich hier bin, kommt von dir nichts weg."

Einmal jedoch verschwindet ein Kabel. Zdzicho interveniert. Es dauert nicht lange, und der Dieb bringt dem Eigentümer die Beute zurück, er fällt vor ihm auf die Knie und bittet um Verzeihung.

Die Frau von Zdzicho arbeitet in einem Betrieb, in dem Ziegel aus Kalksandstein hergestellt werden; er arbeitet nur gelegentlich, er hilft auf dem Feld, trinkt. Kinder haben sie nicht. Zdzicho erkrankt an Krebs, er verliert seine Stimme, sie schneiden ihm den Kehlkopf heraus, er stirbt.[10]

10 Der „Rotschopf" starb an der Wende von den 1970er- zu den 1980er-Jahren. Jahrelang waren seine nächsten Nachbarn das Ehepaar Adamek. Andrzej Adamek, ihr Sohn, ist seit Jahren Gemeindevorsteher von Bełżec. 2011 fragte ich ihn als Lubliner Journalist der „Gazeta Wyborcza" nach den Grabräubern. Damals war gerade das Buch von Robert Kuwałek über das Vernichtungslager Belzec erschienen. In dem Buch schreibt der Historiker auch über das Aufwühlen des Geländes des ehemaligen Lagers mit dem Ziel, dort Gold zu finden. Der Gemeindevorsteher erklärte mir damals: „Wenn es um das Plündern geht, dann fand dies tatsächlich statt. Aus den Erzählungen meiner Eltern, die unweit vom Lager wohnten, weiß ich jedoch, dass die Täter keine Einwohner

Beamter: „Für mich gab es das Lager immer. Hier bin ich geboren, hierhin ging ich nach dem Studium zurück. Ich bin direkt neben dem Lager aufgewachsen. Ich kam aus dem Haus, lief ein kleines Stück, und da war es schon. Man fuhr von der Schule nach Hause und nahm eine Abkürzung über das Gelände. Direkt dahinter war eine Sandgrube. Da hatten wir unseren Spielplatz, im Winter sind wir da Schlitten gefahren.

Und im Herbst gab es welche, die haben direkt am Lager Pilze gesammelt. Dort gab es Mischwald. Pilze wuchsen dort sehr gut. Ich habe diesen Ort immer wertgeschätzt. Ich habe ihn immer als Friedhof gesehen."

Grabräuber: „Ich habe Ihnen zu viel erzählt. Jetzt schäme ich mich dafür. Was Sie jetzt wohl von mir denken? Aus der Gruppe gibt es nur noch mich, ich war der Jüngste."

Beamter: „Viele Nationen haben ein Problem damit, sich mit ihrer Geschichte auseinanderzusetzen, etliche Tatsachen will man lieber verschweigen, aber die schlechte Geschichte ist ja schließlich auch unser Erbe. Und über solche Sachen sollte auch geschrieben werden. Das wirft ein besseres Licht auf uns.

von Bełżec waren, sondern Banden, die aus weiter entfernten Ortschaften hierhin kamen."
Nach der Lektüre der Prozessakten, den Gesprächen mit Zeugen rief ich Herrn Adamek noch einmal an. Ich wollte ihn fragen, ob ihm wirklich nicht bewusst war, dass alle, die wegen des Grabens in den 1950er-Jahren festgenommen und verurteilt wurden, in Bełżec wohnten, auch sein späterer Nachbar. Er erzählte mir: „Von den Grabräubern nach dem Krieg habe ich von meiner Mama gehört, und wenn es um den Zdzisław geht, dann habe ich schon etwas gehört, wirklich gewusst habe ich aber nichts. Ich habe versucht, mit den Leuten zu reden, aber sie wollten sich vor mir nicht offen äußern. Das Thema ist ihnen ein wenig peinlich."

Direkt nach dem Krieg, als die Deutschen sich zurückzogen hatten, da wurde alles aus der Erde herausgeholt. Was für ein Ansturm das war. Aber später haben sie noch genauso gegraben. Wie oft habe ich das mitbekommen. Noch in den 1980er-Jahren, damals war ich noch Kind, da habe ich nicht weit weg vom Lager einen Haufen Knochen gesehen, die waren aus der verbrannten Schicht, also der ‚goldhaltigen'. Und dann ging es auch schon von Mund zu Mund: ‚Sie graben wieder.' Und ‚Es gab da ein Durchwurfsieb.'

Und bereits als Kind habe ich ein Gefühl von Unbehagen gehabt. Verabscheut habe ich das. Ohne es zu wollen, bekam ich das mit, aus Gesprächen und Gerüchten, denn das war ja nichts, was mich besonders interessiert hätte. Ich bin an diesem Ort geboren und hier bin ich aufgewachsen, und das hat mir eine gewisse Sensibilität gegeben."

Grabräuber: „Ich sehe mich nicht als irgendeinen Schurken oder so etwas Ähnliches. Bei Schlägereien habe ich mich nie eingemischt. Getrunken habe ich höchstens zwei oder drei Gläschen, und dann ab nach Hause."

Beamter: „Diejenigen, die danach noch dort hingegangen sind, lange Jahre nach dem Krieg, das waren schon Leute aus sozialen Randgruppen. Solche, die sich nicht gerade um harte Arbeit rissen, Elemente, die vor allem auf der Suche nach billigem Alkohol waren."

Grabräuber: „Sie denken sicher, dass ich auf einem Friedhof gegraben habe. Aber was für ein Friedhof war das denn? Es gab doch schließlich total viele Leute, die auf den Kozielsk gingen.

Später bin ich mein ganzes Leben Lkw gefahren und heute verdiene ich auf einem Parkplatz dazu. Mit meiner Frau lebe ich schon vierundfünfzig Jahre zusammen. Immer noch in Krakau. Drei Töchter habe ich, eine hat ihren Doktor gemacht, der Schwiegersohn hat habilitiert. Ich bin zur Kirche gegangen und das mache ich weiter. Ich bin Patriot, sogar sehr. Ja. Ich würde für mein Vaterland sterben. Ehre, Liebe, Vaterland. Das ist für mich wichtig."

Beamter: „Nach dem Gespräch mit Ihnen habe ich angefangen, verschiedene Fakten zusammenzubringen. So manche Sachen fallen mir ein."

Grabräuber: „Das war doch alles geduldet. Ich habe kein einziges Mal mitbekommen, dass jemand das verurteilt hat. Am Anfang sind ganze Familien dahin gegangen, später dann nur noch die Mutigen (*Lachen*). Es gab verschiedene Banden. Wir haben das durchsucht, was davor schon einmal durchwühlt worden war. Bis zu dem ‚Kies' haben wir uns nicht durchgegraben.

Der ‚Rotschopf' sagte, wo wir graben sollten: ‚So, hier machen wir das, hier irgendwo sind mal Löcher gewesen.' Wir gingen dahin wie in unseren Garten. Wie viele Male das war? Schwer zu sagen. Zehn, zwanzig? Nee, öfter.

Wir sagten, wir gehen ‚zu den Itzigs', bei denen gibt es doch viele, die Itzig heißen (*Lachen*)."

***

Beamter: „Seit gestern kann ich kaum noch schlafen."

Grabräuber: „Aus Erzählungen weiß ich, wie das aussah. Früher hatten die Juden nur hohe Positionen, na und dann der Handel. Eine Schaufel haben die doch nie in die Hand genommen. Deswegen hat der Hitler die ja gehasst und wollte Schluss machen mit denen, aber danach hätte er uns auch noch fertiggemacht.

Sie haben sie mit Zügen hierhin gebracht. Ins Lager ist nur der Maschinist reingefahren. Dort haben sie sie aufgeteilt und geschoren. Sie haben verschiedene Appelle gemacht, und dann war da so ein Gebäude mit der Aufschrift ‚Badehaus'. Große Kammern. Sie haben Gas reingelassen, und in zwanzig Minuten waren da nur noch Leichen, die sie danach vergraben haben. Als die anfingen zu verwesen, da haben sie sie verbrannt. Und der ‚Kies' kam dann in Gruben.

Die Eisenbahnarbeiter haben uns erzählt, wie das war."

***

Beamter: „Ich habe angefangen, die Fakten zusammenzubringen, die ich als Kind gehört hatte, für die ich mich aber nie besonders interessiert hatte. Jetzt aber bin ich mir sicher."

Grabräuber: „Als uns die Miliz im Herbst '58 festnahm, da haben wir nichts gestanden. Denn wer hätte da schon etwas zugeben wollen? Ob ich eine Zahnkrone aus Gold in der Hosentasche hatte? Ich erinnere mich heute nicht mehr so genau daran, aber die muss von dort gewesen sein, denn von woher denn sonst?

Und ein Jahr später, als mich die Miliz wieder auf dem Kozielsk festgenommen hat, da hatten mich meine Kumpel da zurückgelassen. Am Ende bin ich weggelaufen, aber in der Grube habe ich meinen Anorak mit einer Fahrradkarte gelassen. Da drin hatte ich auch einen Brief wegen Arbeit nach Lublin. Na, und das Fahrrad war auch noch da. Ich versteckte mich bei meiner Verlobten und schlief auf dem Dachboden. Dann ging ich zur Armee, nach Oleśnica. Ich wusste, dass die Polizei auf dem Bahnhof auf mich warten würde, also hat mich ein Freund mit dem Motorrad gebracht. Abgeholt haben sie mich von der Militäreinheit. Prozess, Urteil – ich bekam zwei Jahre.

Ich habe bereits in Nowa Huta gearbeitet und einen Lastwagen gefahren, als die Aufforderung kam, die Strafe abzusitzen. Ich hatte gerade meinen Wagen in der Werkstatt, als mich der Fahrteneinteiler rief. Sie waren da, um mich abzuholen. Das war dreiundsechzig. Ein paar Tage nach meiner Hochzeit."

***

Beamter: „Ich hatte mir schon gedacht, dass es um ihn gehen könnte. Jetzt aber bin ich mir sicher. Direkt nachdem mein Onkel seine Hochzeit hatte, musste er sitzen. Einmal war er bei uns, und als er sich mit meiner Tante stritt, warf sie ihm voller Wut an den Kopf: ‚Pakete habe ich dir vorbeigebracht, und du bist so was von undankbar!'

Der Onkel, der war wirklich ein guter Typ. Mein Vater ist an den Nieren erkrankt, er starb, und wir blieben mit Mutter alleine zurück. Und er hat uns damals viel unterstützt. Obwohl er ja schon in Krakau wohnte, ist er oft vorbeigekommen. Immer hat er etwas im Haus repariert, renoviert, und er hat uns viele Sachen mitgebracht. Da bei sich hatte er einen einfacheren Zugang. Zu Schuhen, zu Kleidung.

Irgendwie passt das alles nicht bei ihm. Wie ist das möglich? Eine Jugendsünde? Abenteuerlust?

Das jetzt zu erfahren ist niederschmetternd."

Grabräuber: „Ich habe die Berufsschule beendet, hatte ein gutes Zeugnis. Sie wollten mich bei einem Maschinenzentrum in der Nähe von Tomaszów einstellen, aber alleine wollte ich nicht dahin fahren. Also sind wir zum Graben gegangen. Die Älteren haben mich mitgenommen."

Beamter: „Die ganze Zeit denke ich darüber nach, wäge die Fakten ab. Ich versuche, Gott behüte, nichts zu rechtfertigen. Das Graben in sterblichen Überresten von Menschen ist wirklich immer eine Schande. Ich wollte bloß eine Erklärung finden. Das Foto von dem aufgewühlten Gelände, das Sie mir gezeigt haben, hat mich schockiert. Eintausendfünfhundert Meter. War das möglich, dass das ein paar Leute zustande bringen konnten?

Das muss doch allgemein verbreitet gewesen sein.

Ihr ganzes Leben lang hat meine Mama für den Onkel gebetet. Geschämt hat sie sich für seine Vergangenheit.

Ich kann das, was er gemacht hat, nicht bewerten, ohne einzubeziehen, was für eine Atmosphäre damals in ganz Bełżec geherrscht hat, was für eine Haltung die Leute zu solchen Sachen hatten. Die Leute haben das doch gutgeheißen: ‚Es gibt doch sowieso keine Arbeit, geht doch dahin und grabt.'

Ich weiß nicht, ob man das Demoralisierung nennen kann. ‚Wenn es doch dort Gold gibt, dann sollte man das auch ausgraben, denn wenn ich das nicht ausgrabe, dann gräbt es ein anderer aus.'

Ein junger Mensch saugt manche Sachen wie ein Schwamm in sich auf, und das Ganze hatte doch nichts damit zu tun, ob jemand in einer pathologischen oder in einer normalen Familie aufgewachsen war. Das war die Art, wie man lebte, wie man seine Zeit verbrachte. Ein einfacher Verdienst. Heute hat die Jugend andere Beschäftigungen, sie verbringt ihre Zeit auf andere Weise.

Und was bedeutet das, dass sie tagsüber gegraben haben? Wenn jemand sich bewusst ist, dass er etwas Schlechtes macht, dass er ein Verbrechen verübt, dann versteckt er sich dabei. Vielleicht haben sie darin überhaupt nichts Schlechtes erkannt? Das, was ich jetzt über ihn erfahren habe, ändert nicht meine Meinung über ihn. Er hat immer allen geholfen, so wie er nur konnte. Mein Onkel ist ein intelligenter Mensch, mit bodenständigen Meinungen, er ging Problemen aus dem Weg.

Sehr gebildet und ausgeglichen. Immer freundlich, warm und herzlich."

Grabräuber: „Damals, als mich meine Freunde auf dem Kozielsk zurückließen, konnte ich nicht von alleine aus der Grube herauskommen. Ich probiere es einmal, ich klettere rauf, falle herunter, noch einmal – dasselbe (*Lachen*). Am Ende bin ich doch herausgekommen. Ich gucke mich um, und da rast ein Polizist auf dem Motorrad über den Sand. Er kommt ins Schleudern, er fällt, einen Moment später aber fährt er wieder weiter. Ich laufe weg, er ruft: ‚Bleib stehen, oder ich schieße!' ‚Dann schieß doch', antworte ich ihm. Und ich rannte weg.

Solche Freunde waren das. Sie ergriffen die Flucht, anstatt mir eine Hand zu reichen. Ich hätte in so einer Situation auf jeden Fall geholfen. Und im Übrigen habe ich während der Ermittlungen niemanden verraten. Ich habe ihnen nicht gesagt, mit wem ich zusammen war. Denn was hätte das schon gebracht? Ich habe da meine Prinzipien."

***

Beamter: „Heute wäre jeder Anwalt in der Lage, meinen Onkel rauszubekommen. Ich billige das natürlich nicht, was er getan hat, das Schlechte bleibt immer schlecht. Diejenigen, die da direkt nach der Befreiung des Lagers gegraben haben, die haben in den noch vollständig erhaltenen Leichen gewühlt, das war etwas Furchtbares. Die Leichen verwesten, es stank; aber das hat sie nicht gestört.

Hier aber hatten wir eine völlig andere Situation. Es handelte sich nicht um einen Friedhof im eigentlichen Sinne, so wie wir das heute verstehen. Dass es eine Begräbnisstätte mit Grabmalen war.

Jahrelang war dieser Ort völlig verwahrlost. Und das war auch noch später so, als dieses Denkmal aufgestellt worden war. Irgendwann habe ich einmal mit Freunden im Sand direkt hinter dem Lager gespielt. Plötzlich ist ein Stück des Hangs abgerutscht, und ein menschliches Skelett kam zum Vorschein. Wir nahmen die Knochen und brachten sie zu diesem Denkmal. Dort gab es so offene Türchen, und die Knochen konnte man hineinwerfen. Ich war damals vielleicht acht Jahre alt. Ich habe dabei weder Ekel gespürt noch hatte ich Angst. Wir waren von Geburt an gewöhnt daran, dass dort etwas Schreckliches passiert war.

Und das ganze Gelände hätte man schon viel früher kennzeichnen und umzäunen müssen. Es hätte geschützt gehört. Warum war das nicht passiert? Vielleicht war die ganze jüdische Sache den damaligen Machthabern unangenehm? Die jüdische Frage war immer ein empfindliches und schwieriges Thema.

Verurteilt haben sie nur wenige von denen, die da gegraben haben. Das war so ein selektives Vorgehen der Miliz. Sie haben ihre Urteile bekommen, und das war richtig so; dass dies allerdings auf der Grundlage dieses Paragrafen über die Missachtung einer Totenstätte geschah, das ist einfach Unsinn.

Die Jungs haben ein Geschäft gewittert. So wie wir es heute auch von jungen Leuten kennen, die bei sich zu Hause Marihuana anpflanzen. Sie wissen, wie viel sie für ein Kilogramm nehmen können. Wenn man mit ihnen spricht, dann sind das nette, gewöhnliche Jungs. Wenn sie ihre Strafen bekommen haben, schickt man sie zu irgendeinem Amt. Und dann arbeiten sie ihre Freiheitsstrafen ab. Sie machen die Bürgersteige sauber, mähen Gras und machen andere Aufräumarbeiten. Dabei hatten sie doch Gras verkauft, andere abhängig gemacht und Lebenden Schaden zugefügt. Und trotzdem müssen sie die Strafe nicht absitzen.

Man sollte berücksichtigen, wie damals die Rechtsprechung funktionierte. Die Strafen waren zu hart."

Grabräuber: „Wir hätten auf Bewährung freikommen können. Die Juden schossen aber dagegen. Die ganze Zeit griffen sie die Miliz an: ‚Die haben unsere Leichen dort angefasst. Ich bitte Sie, das zu verfolgen!' In Lublin hatten die Judenbanditen verschiedene Positionen inne, jeder wusste das. Na, und damit hat es dann geendet.

Eine Abneigung fühle ich, wenn ich an sie denke, zu viel habe ich über sie gehört. Von Papa, von den Onkeln. Vor dem Krieg haben sie die Polen zum Gespött gemacht, ‚eure Straßen, unsere Häuser'. Ausgebeutet haben sie uns."

***

Beamter: „Ich weiß, dass mein Onkel das kommunistische System gehasst hat. Die Einsätze der Miliz nahm er so wahr, dass sich das System an ihnen rächen wollte. Eigentlich wurden sie jedes Mal zusammengeschlagen. Sie hatten Wut auf die Polizisten, da die versuchten, Aussagen aus ihnen herauszupressen."

Grabräuber: „Es gab so einen Polizisten. Der ist einmal sogar mit uns mitgegangen, allerdings in Zivil. Er hat Schmiere gestanden. Ich erinnere mich aber nicht, ob wir dieses Mal etwas fanden. Er kam aus der Familie, zwar entfernt, aber wie konnte der mich schon festnehmen."

***

Beamter: „Ich denke, dass Onkel ein schlechtes Gewissen hatte. Und das hat er dann im Gefängnis abgesessen. Allerdings habe ich nie mit ihm über dieses Thema gesprochen. Er war ein anständiger Mensch."

Grabräuber: „Ich bereue nichts. Die anderen haben alles vertrunken. Ich habe aber gespart. Ich habe alles in ein Einmachglas getan und das dann im Garten aufbewahrt, zwischen den Blumen. Nur Mutter hat davon gewusst. Bis zur Hälfte war das Glas voll mit dem Gold, es gab zwanzig Dollars und ein paar Fünfrubel-Stücke.

Davon habe ich mir meine Hochzeit geleistet. In der Wojewodschaft Rzeszów, die war toll. Die Familie meiner Frau hat für das Essen bezahlt und ich für den Saal und das Orchester.

Und sofort danach haben sie mich eingesperrt. Ich kam in die Arbeitseinrichtung für Häftlinge bei Trzebinia. Sie haben uns zu verschiedenen Baustellen gebracht. Jetzt wird das auf die Länge meiner Arbeitszeit angerechnet. Und zwei Monate lang war ich Gruppenleiter. Mit meinem Notizbuch unterm Arm machte ich nichts und schrieb Rechnungen, ich habe eine schöne Schrift. Ich erinnere mich, wie ich auf einer Baustelle war und ein Häftling einen Lautsprecher ins Fenster stellte und dann mit voller Lautstärke: Amnestie. Und genau ich war auch davon betroffen. Von den zwei Jahren habe ich ein Jahr abgesessen. Sie gaben mir eine Fahrkarte für den Bus, und ich bin zu meiner Frau gefahren.

Gestichelt haben sie sie auf der Arbeit, wo ich denn wohl sei. Sie meinte, ich sei bei der Familie. Ein bisschen hat sie mir Vorhaltungen gemacht. Aber bevor ich geheiratet habe, habe ich ihr gesagt, dass ich vielleicht sitzen muss. Ich habe mich abgesichert. Meine Frau sagt etwas anderes? Dass ich ihr versichert hatte, dass es verjähren wird? Nein, nein. Was ich ihr gesagt habe, war, dass es vielleicht verjährt.

Manchmal denke ich mir noch heute – aber meine Frau fängt sofort an zu schimpfen. Weil, da hinter dem Kozielsk, im Wald unter den Bäumen, da könnte man immer noch Gold finden. Wenn man dahin gehen würde. Und hier bei uns, auf der Dietla-Straße, da gibt es so einen Militärladen. Und da haben sie Metalldetektoren."

***

Mit Antoni W. traf ich mich im Frühjahr 2017 in Krakau. Er war zu dem Zeitpunkt tatsächlich der Letzte aus der Gruppe, den die Miliz wegen des Aufwühlens des Geländes des ehemaligen Vernichtungslagers Ende der 1950er-Jahre festgenommen hatte. Zwei Jahre zuvor hatte ich allerdings mit einem anderen Grabräuber in Bełżec gesprochen, einem näheren Bekannten von W., der ebenfalls zu der Gruppe des „Rotschopf" gehört hatte. Damals aber hatte ich das noch nicht gewusst.

Im Mai 2015 fuhr ich das erste Mal nach Bełżec, um Material für eine Reportage über die Grabräuber zu sammeln. Für einen Reporter war das ein schwieriges Unterfangen. Ich brauchte Namen, Charaktere für die Reportage. Die lokalen Bewohner sprechen nur ungern über das Graben. Historiker und Journalisten hatten die Prozesse der 1950er-Jahre zu diesem Zeitpunkt noch nicht aufgearbeitet. Ich durchsuchte die lokale Presse der damaligen Zeit. Im „Kurier Lubelski" vom Frühjahr 1957 stieß ich auf einen für mich wichtigen Text. Er trug den Titel: „Degenerierte Räuber wühlen bei Bełżec Gräber auf und zerteilen Tote auf der Suche nach Wertsachen". Der Verfasser erwähnte nicht, welche Gräber aufgewühlt wurden, nur, dass es Opfer der Hitleristen gewesen seien. Er schrieb, dass eine Gruppe von Grabräubern festgenommen worden war – und nannte die Namen. Drei von vier waren zwar durchgestrichen, aber es gelang mir dennoch, Antoni N. aufzutreiben, den nahen Bekannten von Antoni W., der sich von dem Geld, das er beim Graben verdient hatte, ein rauschendes Hochzeitsfest in Rzeszów finanzieren konnte.

Das Treffen dauerte eine Weile. N., ein sympathischer älterer Herr, der damals in Rente war, redete nur ungern und versteckte sich hinter seinem mangelnden Erinnerungsvermögen. Er erzählte mir nur, dass er einige Male mit Bekannten „die Abfallhaufen aufgegraben hatte", denn sie wollten etwas dazuverdienen, und dass er einmal einen Goldrubel fand, der heute einen Wert von 700 Złoty hätte. Er erklärte, dass die Juden, wenn sie bereits in Zügen zum Vernichtungslager gebracht wurden, Wertgegenstände aus den Fenstern warfen, damit die Deutschen sie nicht in die Hände bekamen. Die Leute sammelten sie an den Gleisen auf. (N. wurde unmittelbar vor Kriegsbeginn geboren, diese Geschichte kannte er also nur aus Erzählungen.) Es war also allgemein bekannt, wo es Gold gab. Und außerdem war es ja nach dem Krieg auch so, dass „alles aufgewühlt war". Er hatte kein schlechtes Gewissen; das, was er getan hatte, waren schließlich Jugendsünden.

Ich kannte damals die Ermittlungsverfahren noch nicht, ich konnte ihn nicht daraufhin ansprechen. So war mir unbekannt, dass er drei Mal festgenommen worden war und dass er mit einem Sieb zum Durchsieben menschlicher Knochen auf das Lagergelände gegangen war. Es dauerte geraume Zeit, bis ich beim Institut für das Nationale Gedenken (IPN) die Akten fand. Als ich das nächste Mal nach Bełżec kam, lebte Antoni N. bereits nicht mehr.

III

Scham

Wojciech Mazurek: „Wir wissen bereits einiges. Wir kennen die Topografie. Neben der Eisenbahnrampe, die sich bis heute an der Bahnstation Sobibór befindet, haben wir die Überreste einer zweiten gefunden. Der eigentlichen, dort wo damals die Züge gehalten haben. Unweit entfernt davon entdeckten wir die Reste einer Schmalspurbahn. Die Spurweite betrug fünfundsechzig Zentimeter. Mit den Wagen dieser Bahn wurden diejenigen transportiert, die nicht mehr in der Lage waren, aus eigener Kraft zu laufen, die zu erschöpft oder krank waren. Die Schmalspurwagen wurden von anderen Häftlingen geschoben. Wir wissen, dass eine Baracke, in der die Wachmänner wohnten, sie ist eine von mehreren, eine Länge von achtzehn Meter und eine Breite von zehn Metern hatte. Wir wissen, wo die Umzäunung aus Stacheldraht entlang verlief und wie tief die Pfosten eingegraben waren.

Wir wissen auch, wo sich die Baracke befand, in der diejenigen, die in Zügen hierhin gebracht wurden, sich entkleiden mussten. Und ebenfalls die, in der ihnen die Haare geschoren wurden. Danach wurden sie auf einem Weg zwischen zwei Stacheldrahtzäunen bis zu dem Ort geführt, an dem sich das Lager III befand. Dies war der sogenannte Himmelfahrtsweg. Heute können wir sagen, wie dieser Weg verlief.

Bevor sie das Lager III betraten, kamen sie an einem Wachturm vorbei, und wir wissen genau, an welchem Ort der stand, und wir wissen auch, dass er mit einem Stahlseil abgesichert war. Das Seil war an einem stählernen Element befestigt, das unter der Konstruktion vergraben lag. Das Seil sollte die Sicherheit der Wachmänner garantieren und den Turm vor Zerstörung bewahren. Ja, und ein Blitzableiter, den haben wir auch ausgegraben.

Wir haben auch einen Brunnen gefunden, der befand sich in Lager I. Dort wohnten die Häftlinge, die als nützlich angesehen wurden und die die Sachen der Leute sortierten, die man direkt nach dem Aussteigen aus dem Zug in den ‚Himmelfahrtsweg' trieb.

Am Anfang wurden die Leichen vergraben. Das Grundwasser wurde dadurch verschmutzt. Sowohl die Lagermannschaft als auch die Häftlinge, die beim Sortieren arbeiteten, hatten alle Probleme mit dem Magen. Wasser musste von außerhalb herangeschafft werden, denn das aus dem Brunnen eignete sich nicht zum Trinken. Das wissen wir aus den Erinnerungen der Überlebenden. Heute aber haben wir neue Beweise. Der Brunnen hatte lediglich eine Tiefe von zwei Metern, das ist sehr wenig. Die Leichen wurden bis zu sechs Meter tief vergraben.

Wir wissen, wo in Lager III die Gaskammern standen, wie groß sie waren und wie viele Leute hineinpassen konnten. Wir wissen, dass erst ein kleineres Gebäude gebaut wurde, mit einem Fundament aus Feldsteinen. Und später kam eine neues mit einem Fundament aus Backsteinen, damit mehr Menschen vergast werden konnten.

Auch in Lager III arbeiteten Häftlinge. Jemand musste die Leichen aus den Kammern herauszerren, sie in der Erde vergraben oder auf Stapeln verbrennen. Das waren die, die eine Flucht planten und einen Tunnel gruben. Durch den wollten sie unter dem Stacheldraht hindurch entkommen. Wir haben das gefunden, was von dem Tunnel noch übrig ist. Er hatte eine Breite von sechzig Zentimetern, genau so viel also, dass ein Mensch sich hindurchwinden kann. Diejenigen, die den Tunnel bauten, haben ihn mit Rindenstücken verschalt, vielleicht hatten sie nicht die Möglichkeit, an Holz zu kommen. Hier gibt es sandigen Boden, und es fällt schwer, in dem Sand eine Aushöhlung zu erhalten. Die Rinde hat sich bewährt und bewirkt, dass der Tunnel nicht einstürzte. Der wurde jedoch am Ende nicht zur Flucht benutzt, denn jemand hat sie verraten, und diejenigen, die ihn gebaut hatten, wurden erschossen.

Wir wissen, wo die Leichen verbrannt wurden. Wir wissen, wo die Massengräber ausgehoben wurden. Wir kennen fünf Plätze, an denen die Asche vergraben wurde."

Yoram Haimi: „Die Resultate unserer Zusammenarbeit waren überraschend."

***

Mazurek: „Auf einmal begannen wir, auf verblüffende Spuren zu stoßen, die eigentlich auf dem Lagergelände nicht hätten sein sollen. Alte Grabungen, die jemand wieder zugeschüttet hatte. Es gab Ausschachtungen in der Erde, an deren Böden sich Sand befand."

Haimi: „Wenn du so viele davon findest, dann verstehst du auch, woher sie kommen. Mir war das von Anfang an klar."

Mazurek: „Für ihn war das von Anfang an eine klare Sache. Guck mal hier, rief er mir zu, das nächste Loch. Ich aber war mir da nicht so sicher. Ich bremste Yoram, aber er ließ nicht davon ab. Wir waren ständig in Konflikt miteinander aus diesem Grund. Dann zeig mir doch bitte die Beweise, das sagte ich die ganze Zeit zu ihm.

Diese Ausschachtungen waren oft nur leichte Vertiefungen, sie hatten vom Umfang her dreißig Zentimeter und waren etwa genauso tief. Wir fanden Dutzende davon."

Haimi: „Als ich meinte, guck mal, hier ist das nächste Loch, ich habe gemerkt, dass sich Wojtek dabei nicht wohl in seiner Haut fühlte. Er sagte mir immer wieder, du bist dir vielleicht sicher, ich aber nicht. Ich nahm an, dass er es genauso wusste.“

***

Mazurek: „Sie erzählten mir, dass ein Archäologe aus Israel angereist war und dass es sich vielleicht lohnt, sich mit ihm zu treffen. Warum nicht, dachte ich. Damals hatte ich schon eine eigene Firma, machte archäologische Auftragsarbeiten, meistens im Zusammenhang mit Bauvorhaben. Mit der Erforschung des Holocaust hatte ich mich vorher nicht beschäftigt, ich interessierte mich allerdings immer schon für die Geschichte Sobibórs. Ich wusste auch, dass bisher Archäologen an diesem Ort keine genaueren Arbeiten geleistet hatten. Außer Stichproben hatte es an diesem Ort keine Ausgrabungen gegeben.“[1]

Haimi: „Ich arbeite seit Jahren als Archäologe für das israelische Denkmalpflegeamt. Ich habe mich auf die biblischen Zeiten spezialisiert und in Aschkelon, Beer Sheva und Jerusalem Ausgrabungen geleitet. Da war vorher nichts dabei, was mit dem Mord an den Juden zu tun hatte. Im Jahr 2007 bin ich aber nach Polen gefahren. Ich dachte, dass es sich lohnen würde, Sobibór zu sehen. Ich stellte mir vor, dass es dort ein Bildungszentrum und ein umfangreiches Archiv geben müsste und dass ich dort Informationen über die Opfer finden kann. Ich war naiv. Nichts dergleichen habe ich gefunden. Als ich ankam, war das Museumsgebäude geschlossen. Der größte Teil des ehemaligen Lagergeländes war mit Wald bewachsen. Danach hat man mich in Israel gefragt, ob das nicht deswegen so sei, weil die Polen das

1 In den Jahren 2000 und 2001 fanden Ausgrabungsarbeiten auf dem Gelände des ehemaligen Vernichtungslagers Sobibor durch ein Archäologenteam unter der Leitung von Andrzej Kola statt. Auf diese Weise sollten Massengräber lokalisiert werden.

Lager verstecken wollten? Warum sonst hatten sie diesen Wald gepflanzt?

Das Ganze hat mir irgendwie keine Ruhe gelassen. Was wissen wir eigentlich von dem Ort? Nicht viel. Ich dachte, es wäre gut, mit systematischen Ausgrabungen zu beginnen. Ich schlug dies vor, der Gedanke wurde aufgenommen, wir fingen an."

***

Mazurek: „Ich wohne fünfzig Kilometer von Sobibór entfernt. Mir war schon immer bewusst, wie wichtig und symbolisch dieser Ort ist. Nie war er mir gleichgültig."

Haimi: „Für mich ist das ein Teil der Familiengeschichte. Mosze war 39 Jahre alt, Izaak 34, es waren die Brüder meiner Mutter. Vor dem Krieg sind sie von Marokko nach Frankreich gezogen, wohnten in Paris, ein Fotograf und ein bildender Künstler, der Glasfenster herstellte, einer war geschieden, der andere Junggeselle. 1943 wurden sie nach Sobibór deportiert. Für sie bin ich hierhin gekommen. Ich dachte, dass es vielleicht noch irgendwelche Dokumente, Pässe oder so geben würde. Es gab nichts. Und doch glaubte ich daran, dass wir bei den Ausgrabungen Spuren finden würden, vielleicht irgendeinen Gegenstand, etwas, das ihnen gehört hatte. Solche Artefakte der Opfer entdeckten wir sehr viele, sie helfen dabei, die Wahrheit über die Geschichte des Lagers zu erzählen. Niemals jedoch traf ich auf eine Spur meiner Onkel."

In Sobibor waren sie vielleicht nur eine Stunde lang am Leben.

***

Mazurek: „Yoram war sich also sicher, was das für merkwürdige leere Löcher waren, die wir fanden. Er hatte viel über das Lager gelesen, aus Berichten wusste er, dass an dem Ort nach der Befreiung von den Deutschen geplündert worden war. Er fand, dass es offensichtlich war – die Löcher waren Spuren der Hyänen."

Haimi: „Spuren der Einheimischen, die hier hinkamen wegen des Goldes."

Mazurek: „Es gab keine Beweise, aber es war klar, irgendwo dort in mir drin fühlte ich Scham. Schließlich war hier die Familie von Yoram ums Leben gekommen."

Haimi: „Ich habe oft gehört, dass dies eine arme Region ist, dass nach dem Krieg die Leute, die kein Geld hatten und keine Arbeit, dass die nach Sobibór gegangen sind. Ich versuche, das zu verstehen. Aber ich fühle mich nicht in der Lage zu verzeihen. Ich dachte mir, dass es Wojtek schwerfällt zuzugeben, dass ich recht habe und dass die Löcher das sind, was sie sind. Es war doch so, dass diejenigen, die geplündert haben, dass das eure Leute waren. Es fällt schwer, das so ohne Umschweife zu sagen: ja, meine Landsleute haben solche schlimmen Sachen gemacht."

Mazurek: „Wenn ich mich schäme, dann halte ich einfach den Mund. Ich weiß nur nicht, was ich mit den Augen machen soll. Yoram ist mein Freund."

Haimi: „Am Ende habe ich einfach aufgehört über die Grabräuber zu sprechen. Ich habe gesehen, dass sich Wojtek bei dem Thema nicht wohl fühlte. Ich verstehe ihn. Außerdem ist er mein Freund."

***

Mazurek: „Leute aus der Umgebung haben uns von Plätzen erzählt, wohin die Grabräuber die Knochen brachten. Sie holten sie aus den Massengräbern und haben sie im Sumpfgelände gewaschen. Die Plätze befinden sich am Rand des Lagers. Wir haben sie untersucht. Alleine. Das war im Herbst 2016. Yoram war gerade nach Israel gefahren. In unserer Dokumentation sind das ‚Gedenkplatz 1' und ‚Gedenkplatz 2'. In beiden fanden wir menschliche Überreste. Der eine liegt an einer sehr feuchten Stelle; im Frühjahr ist es nicht einmal möglich, dahin zu gehen. Zu viel Wasser. Wir fanden eine Erhöhung aus verbrannten und ausgewaschenen Knochen, in deren Mitte so eine Art Vertiefung. Dort hat wahrscheinlich das Wasser gestanden, wenn die Grabräuber ‚arbeiteten'.

In der Nähe gab es noch eine Schicht Knochen, die mit Erde und Knochenstaub vermischt war. Ich habe mir gleich gedacht, dass sie an dieser Stelle das, was sie zum Auswaschen hierher gebracht hatten, vom Wagen gekippt haben. Spuren der Wagen haben wir auch bei den Massengräbern gefunden. Das hat mich wirklich mitgenommen. Die Knochen, die es dort gibt: Das ist eine ganze Menge. Und später, als Sie mir die Akten und Berichte der Zeugen, mit denen Sie geredet haben, vorlegten, da kam es bei mir an. Wir hatten einen ‚Schürfplatz' gefunden. Einen Ort, an dem Knochen ausgewaschen wurden, um das Gold leichter sehen zu können. Am ‚Schürfplatz' fanden wir kleine Töpfe, mit denen wahrscheinlich Wasser geschöpft worden war, eine Milchflasche aus Glas mit diesem charakteristischen Deckel wie in ‚Ich mag nicht, wenn es Montag ist'.[2] Ich weiß nicht, ob Sie den gesehen haben. Und noch eine Shampooflasche aus Plastik mit einem Standardetikett drauf. Aus den 1960er- oder 1970er-Jahren. Mittlerweile sind beide Plätze umzäunt und abgesichert.

Ich denke, dass Yoram recht haben könnte mit diesen Löchern. Vielleicht waren das einfach Versuchsgrabungen. Die Grabräuber haben auf gut Glück nach den Plätzen gesucht, wo sich Knochen befinden."

Haimi: „Wenn ich an diese Leute dachte, die dort gegraben haben, dann kam bei mir Wut hoch. Es ging ihnen nur um das Gold. Aber sie müssen doch gewusst haben, was sie taten, sie waren doch nicht vom Himmel gefallen. Ihnen war doch klar, wohin sie gingen. Und noch eins will ich sagen. Denn diejenigen,

2 „Nie lubię poniedziałku", polnische Filmkomödie aus dem Jahr 1971. Anm. d. Übers.

die verantwortlich sind für die ganzen schrecklichen Sachen, die an diesem Ort geschehen sind, das waren nicht die Polen, das waren die Deutschen. Sie sind verantwortlich für das Ganze."

Mazurek: „Die Archäologie kennt keine Grenzen, sie kennt keine Staatsangehörigkeiten, aber ja, ich bin Patriot, ich bin stolz darauf, dass ich Pole bin. Und doch weiß ich, dass jedes Volk, jede Gesellschaft ihre hellen und dunklen Seiten hat. Man kann nicht so tun, als ob man nur das Opfer ist. Als Patriot sehe ich es als meine Pflicht an, solche Phänomene, wie es die ‚Schürfplätze' sind, so genau wie möglich zu untersuchen. Nur wenn wir direkt über solche Sachen sprechen, dann bringt uns das als Gesellschaft weiter. Und nicht, wenn wir so tun, als gäbe es das Problem nicht, sondern eben die Erforschung und die Bewertung des Phänomens. Das sind wir uns selbst schuldig – und ich im Übrigen auch Yoram, den ich wie einen aus der Familie behandele. Wir haben zehn Jahre gemeinsamer Arbeit hinter uns."[3]

Haimi: „Wir haben es geschafft, wirklich viel auszugraben. Aber was für mich etwas absolut Besonderes ist: Dass Wojtek mir so nah wurde wie die eigene Familie. Wir haben unterschiedliche Methoden, manchmal kommen wir zu verschiedenen Ergebnissen, aber wir arbeiten zusammen und bei den wichtigsten Punkten sind wir einer Meinung. Wir arbeiten hart, aber dann kommt der Tag, an dem wir uns treffen, uns zusammen an einen Tisch setzen und Selbstgebrannten trinken."

3 Die Archäologen wurden von Marek Bem zusammengebracht, dem damaligen Direktor des Museums Pojezierza Łęczyńsko-Włodawskiego und des Museums des ehemaligen Hitler'schen Vernichtungslagers Sobibor. Die archäologischen Untersuchungen fanden in den Jahren 2007 bis 2017 statt.

„Ashes". Bildbeschriftung
des Sobibor-Überlebenden Thomas Toivi Blatt
Sobibór, Sommer 1964, Sammlung Thomas Toivi Blatt.

IV

Ein Zeichen für einen Christen

Er hat den Schrank selbst gemacht. Sehen Sie ihn sich ruhig an, er ist schon vierzig Jahre alt und sieht immer noch hervorragend aus. Und die Holzvertäfelung in der Diele. Meine Schuhe habe ich kein einziges Mal zum Schuster gebracht, er hat sie mir repariert. Mein Mann, wissen Sie, der konnte alles machen.

Echte Liebe hält. Das ist nicht etwas, das sich einfach mal mit einem Fingerschnippen beenden lässt.

Er war der Bestaussehendste in ganz Włodawa. Auf Festen schauten ihm die Frauen hinterher, aber ich wusste, er gehört mir, und Schluss. Und er tanzte nur noch mit mir. Nicht nur eine, die ihn mir nicht gönnte.

Er verhielt sich immer gesittet und nicht so rüpelhaft, er war charmant. Und bei Frauen kommt so ein charmantes Auftreten an. Und es war nicht so, dass er auf ein Fest geht und sich dort volllaufen lässt. Wenn er irgendwohin fuhr, dann brachte er mir etwas mit. Irgendeine Kleinigkeit. Als er auf einem Kurs in Krakau war, hat er mir in den Tuchhallen einen kupfernen Armreif gekauft.

Zuerst begegnet sind wir uns auf der Technischen Oberschule, aber näher kennengelernt haben wir uns, als seine Schwester nicht weit von meinen Eltern entfernt wohnte. Im Oktober sechsundsechzig haben wir geheiratet, ich war damals 17 Jahre alt und er 21. Wir waren sehr ineinander verliebt.

Schnell standen wir auf eigenen Füßen. Ich arbeitete in der Buchhaltung in einem Gewerbebetrieb, und er war, wie Sie wissen, in einer Einheit. Und wurde dort gelobt und ausgezeichnet. Er hatte ein Hobby, Schach und Dame spielen. Er leitete eine Schachsektion, und seine Soldaten gewannen Wettbewerbe.

Mein Mann war sehr belesen, wenn er ein Buch in die Hand nahm, dann las er es von A bis Z. Er hatte wirklich einen großen Wortschatz. Manchmal meinte ich zu ihm, hey du, du Gelehrter, der Müll muss rausgebracht werden, aber er hatte seine Nase im Buch. Elegant drückte er sich aus, auf eine ausgewogene Art, er war kein chaotischer Mensch.

Er absolvierte sein Studium des Marxismus und Leninismus, er wollte Psychologie studieren, aber das klappte nicht.

Geld gab er bis auf jeden Cent zurück, alles, was ich ihm kochte, das aß er, und alles schmeckte ihm sehr gut. Niemals sagte er direkt, dass er es nicht mochte, er wollte mir nicht wehtun.

Ich bin so eine, die Temperament hat. Wenn mich etwas aufregt, dann quatsche ich los, er aber hat sich nie mit mir gestritten. Er legte sich einfach aufs Bett, legte sich ein Kissen auf den Kopf und wartete ab, bis ich wieder ok war. Und ich weiter blablabla. Und so ging das wieder vorbei.

Gegen unsere Kinder hat er nie seine Hand erhoben, nie hat er sie angeschrien.

Ich habe ihn Stefan genannt, und er mich immer „Broniu“, „Broneczko“, das kommt von Bronisława. Er ist mir nie zu nahe getreten, das ganze Leben lang hat er mich respektiert, und ich habe ihn respektiert.

Und oft habe ich ihm wiederholt: „Du hast kein Recht dazu, mich schlecht zu behandeln, du hast mich schließlich als unbescholtenes Blatt bekommen.“

Das Leben ist ja so verworren.

An dem Tag, an dem sie ihn festgenommen haben, war ich auf der Arbeit. Zu mir kamen zwei von der Staatssicherheit oder Polizisten, ich weiß es nicht mehr. Sie meinten, sie müssten mit mir reden. Die Hauptbuchhalterin stellte ihr Büro zur Verfügung.

Wenn ich da daran denke, dann brennt es in mir, mein Blutdruck steigt, und ich muss eine Tablette nehmen. Sehen Sie, was für rote Flecken ich im Gesicht bekommen habe.

Die Festnahme am Abend

Sie hören Stimmen, im Halbdunkeln nehmen sie die Umrisse von Gestalten wahr. Es sind zwei, eine größere, eine kleinere. Die größere hält etwas in der Hand, es sieht aus wie ein Knüppel.

Sie entschließen sich zu handeln. Der Wachtmeister und der Forstwächter packen ihre Taschenlampen, sie kommen hinter den Bäumen hervorgeschossen, sie rufen: „Stehenbleiben! Miliz!"

Die Gestalten ergreifen die Flucht. Einen Moment später stolpert die kleinere über einen Ast, sie fällt hin. Der Polizist hält sie fest. Die Gestalt schreit verzweifelt mit einer Frauenstimme: „Niuniu! Hilf mir!"

Die größere Gestalt kehrt um, und in diesem Moment ergreift sie der Förster.

„Pass auf!", ruft hinter ihm der Polizist. „Ich kenne diesen Typen! Vielleicht ist er bewaffnet! Das ist einer von der Armee!"

Es ist abends, der letzte Augusttag des Jahrs 1978.

In dem Hinterhalt werden Stefan Woźniak, Feldwebel eines Panzerregiments, und Krystyna Gołąb[1], Eigentümerin eines Ladens mit Seifen- und Färbe-Produkten, festgenommen. Beide wohnten in Włodawa.

1 Die Vor- und Familiennamen der Verhafteten wurden geändert.

Die Kapelle und ein Eimer mit einem Tau

In Ermittlungsakten taucht ein Fester Referenzpunkt auf. Das ist der Ort, von dem aus die Polizisten die für ihre Dokumentation notwendige Beweisführung beginnen. Der Feste Referenzpunkt ist die Kapelle.

Sie entstand vor dem Krieg. Im Jahr 1942, als die Deutschen begannen, die Stätte zur sofortigen Ermordung in Sobibór zu errichten, befand sich die Kapelle auf deren Gelände, innerhalb des Stacheldrahts.

Es ist nicht klar, für welche Zwecke die Nazis sie nutzten, vielleicht als Magazin. Eine gewisse Zeit lang, unmittelbar nachdem das Lager in Betrieb genommen war, befand sich direkt daneben das „Lazarett"[2]. Diese Grube, an der die Gefangenen aus den Transporten erschossen wurden, die nicht in der Lage waren, selbst zu den Gaskammern zu laufen. Die zu schwach, zu erschöpft, krank oder behindert waren. Die Kapelle liegt am Rand des Felds III, dem Ort, an dem sich die Massengräber befinden.

Das Jahr 1978. Neunzig Meter vom Festen Referenzpunkt entfernt finden Polizisten ein ausgeschachtetes Loch mit Wasser und einer Tiefe von über zwei Metern. Es war kurz zuvor angelegt worden. Daneben waren ein Sandhaufen, Asche und kleine Knochenstücke zu sehen.

Das Wasserloch befindet sich über zweihundert Meter von dem Hügel entfernt, der im Jahr 1965 während der ersten Aufräumarbeiten auf dem Lagergelände aufgeschüttet worden war. In dieser Zeit wurde auch ein Denkmal enthüllt und unweit eine Informationstafel aufgestellt.

2 Die Bezeichnung „Lazarett" benutzte die deutsche Lagermannschaft, um die Opfer zu beruhigen.

Neben der Grube liegen ein Eimer mit einem Tau, eine Taschenlampe und eine provisorische Leiter aus Kiefernsprossen. Wie sich herausstellte, war der Knüppel, den der Feldwebel des Panzerregiments in der Hand hielt, eine Schaufel mit einem kurzen Stiel.

Das Wasserloch, das der Armeeangehörige gegraben hatte, ist nicht das einzige. Um den Festen Referenzpunkt herum kann man noch mehr Löcher finden.

Metallbruch und ein „Österreicher"

Beim zweiten Verhör bricht sie zusammen. In der Wojewodschaftskommandantur. Sie gesteht alles. Zwei Monate vor der Festnahme hat sie ein Kind geboren. Der Vater des Jungen ist der Feldwebel. Seit zwei Jahren haben sie eine Affäre. Er kommt mehrere Male in der Woche bei ihr vorbei, sie fühlen sich ungezwungen, denn sie wohnt alleine.

Die Geburt fand an einem anderen Ort statt, in einer anderen Wojewodschaft. Sie wollen nicht, dass seine Ehefrau das erfährt. Schließlich hat er mit ihr zwei Töchter, die in die Grundschule gehen.

Seit zwei Monaten kümmert sich eine Freundin von Krystyna Gołąb um ihren Sohn. Die Geschäftsinhaberin bezahlt für die Betreuung. Sie braucht Geld. Der Laden fängt erst an zu laufen, er bringt nicht allzu viele Einnahmen. Davor war sie einige Zeit arbeitslos, arbeitete in einem Fischgeschäft. Sie wird jedoch entlassen, nachdem bekannt wird, dass sie, als sie krankgeschrieben war, einen Ausflug nach Ungarn gemacht hatte.

Er will den Polizisten nicht erzählen, wer auf die Idee gekommen war. Er behauptet, dass seien sie gemeinsam gewesen, während eines ernsten Gesprächs über die Zukunft. Kurz nachdem sich herausstellt, dass sie schwanger ist. Die Geschäftsinhaberin und der Panzerfahrer entschließen sich, nach Sobibór zu fahren, zu dem Gelände, wo sich das Lager befunden hatte. Das liegt ein paar Kilometer von dem Städtchen entfernt.

„In Włodawa wurde erzählt, dass die Leute dort nach dem Krieg Gold gefunden hatten", erklärt Gołąb den Polizisten.

Auf dem Markt kauft sie ein Sieb.

„Das, was wir durchsiebten, das war ja nur Asche. Da gab es keine menschlichen Überreste", fügt sie ihrer Aussage noch hinzu.

Den Platz wählt der Feldwebel aus, sie graben ein Loch, durchsieben mehrere Säcke mit Asche, finden dort ein wenig Edelmetall und Zahnkronen. Die Geschäftsinhaberin erzählt danach den Polizisten, dass sie dort insgesamt drei Mal waren. Der erfolgreichste Ausflug findet einen Monat nach der Geburt des Kindes statt. Sie kehren mit Goldmünzen zurück – einem Fünfrubelstück und einem „Österreicher".

Aus ihrer Wohnung holen die Polizisten noch ein Vergrößerungsglas, eine Waage, Säcke mit Erdresten, eine Flasche mit Säure und ein tragbares Schweißgerät in einem Koffer. Sie erklärt, dieses habe der Feldwebel besorgt, sie wollten damit das Gold einschmelzen. In einer Dose bewahrte sie geschmolzene Edelmetallstückchen auf.

In einem Notizbuch legte die Geschäftsinhaberin eine Statistik darüber an, was sie geschafft hatten herauszuholen. Auch den wahrscheinlichen Wert stellt sie fest.

Aus dem Notizbuch von Krystyna Gołąb:

- Metallbruch
- Goldmünze „Österreicher"
- Metallbruch-Klumpen
- Goldmünze Fünfrubelstück.

Schnell zieht sie ihre Aussage zurück. Bis zum Ende des Verfahrens bleibt sie unbeirrt dabei, dass sie nur einen Spaziergang gemacht hatten und zufällig in den Hinterhalt geraten waren. Zu den belastenden Aussagen hätten die Polizisten sie mit psychischem Zwang gebracht, sie hatten ihr mit der Verhaftung gedroht, und sie hatte Angst um ihr Kind. Schon an dem folgenden Tag, nachdem sie festgenommen worden waren, kommen sie frei. Schnell sprechen sie ihre Aussagen ab.

Er gibt von Anfang an überhaupt nichts zu. Sie sind lediglich spazieren gegangen. Den Polizisten sagt er, dass sie sauer auf ihn war, weil sie nie zusammen irgendwo hingehen würden, dass sie sich nicht in der Öffentlichkeit zeigen könnten.

„Ich habe damit gerechnet, dass sie ein langer Fußmarsch ermüdet und sie dann keine Lust mehr auf solche Treffen haben würde", erklärte der Feldwebel.

Er flüchtete, da er im ersten Moment dachte, dass Leute ihn jagen würden, die seine Frau auf ihn angesetzt hatte. Und das Schweißgerät im Koffer hatte er seiner Geliebten gekauft, denn sie hatte geplant, damit den Fernseher zu reparieren.

Sie selbst gibt an, sie habe damit die Hühnerfedern abgesengt. Und mit der Säure habe sie die Badewanne sauber gemacht.

Proben mit Erde aus dem Sack, der bei ihr in der Wohnung gefunden worden war, werden Spezialisten im Laboratorium des Präsidiums der Bürgermiliz übergeben. Diese stellen fest, dass die Erde dieselbe Zusammensetzung hat wie die im Lager in Sobibór und sich noch Teile von verbrannten menschlichen Knochen in ihr befinden.

Das rechtskräftige Urteil fällt im Oktober 1979 das Wojewodschaftsgericht in Lublin. Er bekommt drei Jahre, sie zwei mit zwei Jahren auf Bewährung. Beide waren nicht vorbestraft und hatten eine sehr gute Beurteilung ihres Arbeitsplatzes.

Gibt es hier Hyänen?

Im Jahr 1978 kommen Filmemacher nach Sobibór. Es ist ein französisches Team, Dokumentarfilmer. Ein Einheimischer führt sie herum. In der Kriegszeit arbeitet er auf der Eisenbahnstation, er ist Arbeiter, danach Helfer des Weichenwärters. Er sieht die Transporte, den Rauch der brennenden Leichenstapel, er hört die Schreie.

Hinter der Kapelle, dem Festen Referenzpunkt, bemerken die Filmemacher Löcher. Es gibt einige davon. Der Regisseur fragt den Ortskundigen über die Dolmetscherin. Regisseur: „Gibt es hier Hyänen?" Er tut so, als ob er nichts versteht. Der Regisseur fragt noch einmal.

„Mir ist nichts über das Thema bekannt", antwortet der Ortskundige. „Die Leute haben hier gegraben, aber das war direkt nach dem Krieg. Jetzt passiert das nicht mehr."

„Aber warum gibt es dann diese Löcher?", bohrt der Regisseur weiter.

„Hier ist ein Schädling aufgetreten, der den Wald zerstört, und deshalb sind Proben entnommen worden", antwortet der Ortskundige.

Der Regisseur ist Claude Lanzmann. In Sobibór drehte er Szenen für seinen epischen Dokumentarfilm *Shoah*.

Später, als der Prozess gegen den Feldwebel und die Geschäftsinhaberin lief, gibt der Ortskundige eine Erklärung ab, warum er damals gelogen hatte.

„Als Pole habe ich mich geschämt, dass Polen auf dem Lagergelände zwischen der menschlichen Asche nach Gold suchten."

Im Jahr 1973 wird Józef Gerung zum Chef des Forstaufsichtsamts für den Bezirk um Sobibór ernannt. Gleich nachdem er seine Arbeit begonnen hatte, erfährt er von den Grabungen und sieht die Vertiefungen.

In seinen Aussagen spricht er von ihnen als „Wasserlöcher-Stollen“, und auch davon, dass Leute aus der Gegend über dieses Phänomen entrüstet sind und es sie stört.

Woran dachte er jedoch, als er von Schächten sprach? Heute können wir ihn nicht mehr danach fragen, er lebt schon seit Jahren nicht mehr, ebenso wie der Ortskundige von Claude Lanzmann. Aber es gibt den Enkel des Ortskundigen, der in der Nähe von Sobibór aufgewachsen ist. Er erzählt mir:

„Ende der 1970er-Jahre hatte ich gerade die Baufachschule absolviert und angefangen, bei der Försterei zu arbeiten. Wir haben verschiedene Objekte errichtet. Dafür haben wir den Sand von einem Gelände in unmittelbarer Nähe des ehemaligen Lagers geholt. Einmal haben wir den Hänger vollgeladen, und plötzlich ging der Traktor kaputt. Der Fahrer ging los, um einen anderen zu holen, und ich ging mir mit meinem Kumpel die Beine vertreten. Wir liefen dort hinter der Kapelle und plötzlich sahen wir ein Loch in der Erde, das mit Zweigen zugedeckt war. Ich schaute hinein. Ein Wasserloch, auf dem Boden war an der Seite ein Erdaushub, und ein Holzstück ragte aus ihm heraus. Das war eine Stütze, damit nicht alles einstürzte. Fachmännisch gemacht, so wie im Bergbau.“

Gerung gibt noch an, dass sie den Grabräubern gemeinsam mit der Miliz viele Male Hinterhalte gestellt hatten, allerdings ohne Erfolg. Und dass sie auch oft Löcher zuschütteten. „Es war uns peinlich vor den Leuten, die das Lager besuchten“, sagt er vor dem Gericht.

Denn außer dem Feldwebel und der Geschäftsinhaberin suchen noch andere Gold in Sobibór.

Frühjahr 1985.

Die Miliz nimmt einen Pensionär fest, einen arbeitslosen Arbeiter und zwei Rentner. Alle sind sie aus Lublin. Sie fassen sie, als sie nachts in der Nähe des Aschehügels graben. Einen Sack Erde mit Knochen hatten sie schon gefüllt. Den wollten sie mitnehmen und in Lublin durchsuchen. Sie erklären, dass ihnen ein Bekannter in der Stadt erzählt hatte, wie einfach es sei, in Sobibór etwas zu verdienen. Da gebe es Gold, man braucht nur ein wenig Mut zu haben. Sie bekommen zwei Jahre Haft.

Den Einsatz der Miliz leitet Zbysław Grytczuk, damals der Leiter der Abteilung Kriminalität beim Kreispräsidium der Bürgermiliz in Włodawa (nach 1989 wird er der erste Polizeipräsident der Kleinstadt).

„Die Leute, die wir damals festgenommen hatten, kannten sich gut aus", erzählt er mir. „Sie sind nicht aufs Geratewohl dahin gekommen, sie wussten genau, an welcher Stelle sie zu graben hatten. Wir vermuteten, dass sie schon zuvor hierhin gefahren sein könnten, aber es gelang uns nicht, ihnen das nachzuweisen. Es war bereits nach ihrer Festnahme, als wir Hinweise darauf bekamen, dass die nächsten Grabräuber auftauchen könnten. Ein größerer Einsatz wurde vorbereitet, aber am Ende ist nichts geschehen."

Im Jahr 1985 leitet Józef Gerung weiterhin das Forstaufsichtsamt und weiterhin fühlt er die gleiche Scham.

Vor dem Gericht sagt er aus: „Oft gab es inländische und ausländische Besucher im Lager. Es war uns peinlich, dass dort Spuren des Grabens zu sehen waren."

Er stellt noch fest, dass es ab 1978 ruhig war.

Etwas anderes erzählt er jedoch zuvor den Milizbeamten:

„Unzählige Male schüttete ich persönlich allein oder gemeinsam mit den mir unterstellten Mitarbeitern die Vertiefungen zu – an den Plätzen, an denen gegraben und Gold gesucht worden war. Ein solches Vorgehen wiederholte sich Jahr um Jahr und fand die ganze Sommerzeit über statt."

Eine Fußspur wie von einem Kind

Einige Monate bevor der Panzerfahrer und die Geschäftsinhaberin festgenommen wurden, bemerkt ein Forstaufseher in der Nähe der Ausschachtungen charakteristische Fußspuren. Neben großen, männlichen Schuhabdrücken befinden sich kleinere, wie von einem Kind oder einer Frau.

Niemand hat ihn verdammt

Ich bin immer noch verliebt in meinen Mann. Obwohl es fünfzehn Jahre her ist, dass er starb, ist es mir niemals in den Kopf gekommen, mir jemand anderes zu suchen. Und überhaupt, so einen wie ihn hätte ich auch bestimmt nicht gefunden.

Er ist jung gestorben, eine Menge Nerven hat ihn diese ganze Sache gekostet. Aneurysma, der erste Herzinfarkt, dann der zweite, und Schluss.

Er entschuldigte sich dafür, er zahlte für dieses Kind da Alimente. Besonders viel haben wir aber nicht über das Ganze gesprochen. Es gab schon Streit darum, aber niemals vor den Kindern. Und außerdem, wenn er etwas zu mir sagte, dann habe ich ihm so geantwortet: Wenn es dir nicht passt, dann hau ab aus meinem Haus.

Er hat mich schließlich unberührt bekommen, niemals habe ich mich irgendwo rumgetrieben.

Mit der Zeit wurde alles ruhiger.

Wie oft bin ich zu ihm ins Gefängnis gefahren, ich habe ihm Speck gebacken, ein Päckchen Zigaretten habe ich unter der Bluse versteckt. Die Kinder wissen lediglich, dass er im Sanatorium war. Was sollte ich ihnen auch sagen, wenn ich schon selbst genug Probleme damit hatte, es zu glauben? Und im Übrigen hat er mir immer wieder gesagt, dass sie ihn hereingelegt hätten, dass er unschuldig verurteilt worden ist.

Vielleicht war das Fremdgehen ja auch ein bisschen meine eigene Schuld, ich habe mich nicht gut um mich gekümmert. Ich war schlecht frisiert, ungeschminkt, kam von der Arbeit nach Hause, beeilte mich mit dem Essen, mit dem Saubermachen. Man muss das von beiden Seiten aus betrachten. Man hat einfach alles für die Kinder gegeben.

Als das alles rauskam, da habe ich ihm Angst damit gemacht, ich würde mich umbringen. Ich landete im Krankenhaus, eine Niere ist mir nach unten gerutscht, und aus dem Bett aufstehen konnte ich nicht. Ich habe ihm sehr vertraut und bis zum heutigen Tag sag ich mir, wenn ich zum Grab geh: „Du drehst dich bestimmt im Grabe um, aber ich werde dir dein Fremdgehen niemals verzeihen."

Und dann noch: „Warum bist du, verdammt nochmal, nur so schnell gestorben?"

Sauer bin ich aber auf sie. Ich muss nur ihren Namen hören, und mir kommt die Galle hoch. Für mich ist eine Frau, die sich in das Leben anderer Leute reindrängt, eine ... Den Rest können Sie sich denken. Ich bin schon in der Lage, das zu verstehen, sie hat mit ihm geschlafen, hat ihre Bedürfnisse befriedigt. Aber dann hätte sie sagen müssen: „Geh nach Hause, du hast doch kleine Kinder."

Aber es so weit zu treiben, dass sie schwanger wurde?

Sie fragen mich nach dem Graben. Mein Mann war hier bis zu seinem Lebensende ein geachteter Mann. Sie haben ihn aus der Armee geworfen, als er festgenommen wurde. Nach dem Gefängnis fand er sehr schnell Arbeit. Er ging zur Försterei und wurde direkt auf einen Kurs geschickt, wo er lernte, die Qualität von Bäumen zu bewerten. Eine verantwortungsvolle Position. Später hatte er eine leitende Funktion im Transportwesen.

Niemand hat ihn dafür verdammt, wofür er verurteilt worden war, das versichere ich Ihnen. Die Nachbarn, unsere Bekannten – niemand sagte ein schlechtes Wort über ihn. Wenn er eine Bank überfallen hätte, dann hätte ich zu ihm sagen können: Die Leute haben dort das gespart, wofür sie geschuftet haben, und du hast die bestohlen, schäme dich. Aber in diesem Fall? Wenn ich wenigstens gewusst hätte, dass dort, wo sie ihn festgenommen haben, ein Grab gewesen wäre. Irgendein Davidstern oder Steine. Ich weiß aus dem Fernsehen, dass Juden auf ihre Gräber Steine legen.

Wenn ich gewusst hätte, dass er bewusst in einem Grab gegraben hätte? Das wäre unvorstellbar für mich. Ich bin eine gläubige Person, mein Mann war Christ. Wir haben den Pfarrer bei uns zu Hause empfangen, unsere Kinder taufen lassen. In diesem Marxismus-Leninismus, den er absolvierte, waren ebenfalls Elemente der Religionswissenschaft enthalten. Er hat sich sogar extra Bücher von befreundeten Pfarrern geliehen, denn in der Bibliothek gab es keine.

Es ist ganz einfach. Für die Leute, unsere Bekannten, Nachbarn und auch mich selbst, war das, wofür er verurteilt wurde, kein Verbrechen. An dem Ort, wo er gegraben haben soll, war doch Wald. Es gab kein einziges Schild. Es gab keinen einzigen Hinweis darauf.

V

Der Zopf

Wie viel Jahre sie alt war? Wessen Tochter sie war? Wessen Schwester? Woher sie stammte? Wo sie gearbeitet hatte? In einem Laden, in einem Büro? Ob sie kontaktfreudig war? Was für Pläne sie hatte? Welche Träume?

Diese Fragen stellte ich mir erst viel später.

***

Am Anfang war mir das alles völlig gleichgültig.

Ich bin in einem Dorf einige Kilometer von diesem Ort entfernt aufgewachsen. Von klein auf habe ich verschiedene Geschichten gehört. Vor allem von meinem Großvater.

Großvater erzählte, wie sie diese Leute transportierten. Die Hände streckten sie durch die vergitterten Fenster und flehten: Wasser. Großvater hat das mit eigenen Augen gesehen. Er ist extra zur Bahnstation gegangen. Es kam vor, dass die Züge eine Zeit lang anhielten, bevor sie weiterfuhren, eben zu diesem Ort. Ich weiß nicht, aus welchem Grund Großvater eigentlich dahinlatschte, das habe ich ihn nie gefragt.

Oder er hat erzählt, wie er Essen transportierte. Auf einen Karren lud er Milch und Käse und fuhr los. Er war mehrere Male dort. Er fuhr bis zum Eingangstor. Die Deutschen nahmen es ihm ab und bezahlten. Bis es einmal passierte, dass er sich mit seinem Karren hinter dem Tor befand. Ob ihm jemand das befohlen hatte? Ob jemand ihn überredet hatte? Ich weiß es nicht. Er ist in das Lager hineingefahren. Viele Male hat er später darüber gesprochen, dass sie ihn zusammen mit den Leuten aus den Transporten mitnehmen wollten und dass er beinahe nicht nach Hause zurückgekehrt wäre. Ein Deutscher, offensichtlich war das ein Bekannter, zeigte Gnade, und sie ließen Großvater wieder heraus. Danach ist er nicht mehr dahin gefahren.

Schreckliche Armut gab es. Großmutter und Großvater waren gerade erst aus Wolhynien gekommen, sie waren vor den ukrainischen Nationalisten, der Ukrainischen Aufstandsarmee (UPA), geflüchtet. Sie wohnten in einer kleinen Kate. Sie hatten nicht viel, und Großvater machte alles, um irgendwie zu überleben. Es gefällt mir nicht, dass er Milch und Käse dahin brachte. Ich finde das schlecht, aber ich versuche, ihn zu verstehen. Abgesehen davon, erinnere ich mich an ihn als einen großartigen Menschen. Als jemand außergewöhnliches. Er war immer voller Wohlwollen, er lächelte die ganze Zeit, ich kann mich nicht erinnern, dass er irgendwann einmal geschrien hat. Er half den Leuten gerne und war darin geradezu unermüdlich. Und die Leute nutzten dies aus. Sie wussten, dass sie zu ihm kommen konnten, ihn bitten konnten, ihnen etwas Geld zu leihen, und er, wenn er etwas hatte, dann hat er nicht nein gesagt. Also kamen sie, und danach kam es vor, dass sie es nicht zurückgaben. Großmutter war oft wegen seiner Hilfsbereitschaft sauer auf ihn. Großvater war sehr religiös, er zitierte oft aus der Bibel und meinte, man sollte sein wie Hiob. Das Schicksal stellt uns vor unterschiedliche Herausforderungen, aber man darf den Glauben an Gott nicht verlieren. Und auch nicht an den Menschen. Großvater sagte immer wieder, dass die Menschen gut sind.

Und das trotz dieser Züge und den um Wasser bittenden, herausgestreckten Händen. Als ich Jugendlicher war, hat mich das alles nur wenig interessiert. Ich hörte viele Male … Leute erzählten, wie diese *Juden* umkamen. Ich habe das alles als einfache Tatsache abgespeichert. So war es, es ging vorbei, so ist es eben. Ich habe das Technikum beendet und bin nach Schlesien gegangen, um dort zu arbeiten.

Heute aber denke ich daran, und eine Sache bringt mich ins Grübeln. Denn als junger Mann bin ich oft mit dem Fahrrad hierhin gefahren. Habe unter einem Baum gesessen, nachgedacht. Als ob mich etwas unbewusst hierhin gezogen hat.

***

Archäologen suchten Leute, es ging um physische Arbeit. Das war im Jahr 2000. Kurz zuvor war ich zu meiner Familie zurückgekehrt. Mutter war krank, und jemand musste sich um sie kümmern. Ich hatte keine Arbeit und dachte also, ein paar Złoty können nicht schaden. Die Reihenfolge der Bewerbungen war entscheidend. Sie haben mich auf die Liste geschrieben. Ich wurde genommen.

Wir arbeiteten zu zweit. Mehrere Gruppen. Jede bekam einen Handprobennehmer. Zu zweit drehten wir diesen in die Erde. In regelmäßigen Abständen zogen wir den Bohrer aus der Erde und riefen den Grabungsleiter, damit er die Erdprobe beurteilte. Eine mühsame Arbeit, man musste ganz schön viel Kraft aufbringen bei dem Drehen. Die Archäologen wollten herausfinden, wo sich die Gräber genau befinden und in welcher Tiefe.

In den Erdproben kamen Knochen zum Vorschein, verbrannt und klein, und auch Zähne und Haare.

Es gab da eine Stelle, das war ein Grab, und durch unser Hineindrehen kam heraus, dass es immer tiefer wurde, dass die menschlichen Überreste noch tiefer liegen. Wir arbeiteten uns langsam zur Mitte des Grabs, aber es wurde immer größer und größer. Am Anfang ging es anderthalb Meter in die Tiefe, dann zwei, zweieinhalb, drei. Plötzlich blockierte etwas den Bohrer.

Wir drückten, aber es ging nur sehr schwer. Es gab keine andere Möglichkeit, wir zogen den Bohrer heraus. Und da war der Zopf.

Er hatte sich drumherum gelegt. Es hingen noch Kalkreste daran. Er hatte eine Länge von dreißig Zentimetern. Sie wiesen uns an, ihn wieder zurück in die Öffnung zu werfen. Und so machten wir es auch.

Ich habe das damals nicht gezeigt, aber das hat mich furchtbar mitgenommen. Die ganze Zeit musste ich darüber nachdenken. Ich konnte nicht aufhören damit. Ich begann über Sobibór zu lesen. Bücher, Artikel, was mir auch in die Hände fiel. Ich schaute mir alte Bilder an und dachte nach.

Es fällt mir schwer, darüber zu sprechen. Ich wusste nur, dass sie blonde Haare hatte. Wer war sie gewesen? Wessen Tochter? Welche Träume hat sie gehabt? Wer waren die anderen?

Damals, als sich der Zopf um den Bohrer gewickelt hat, da schafften wir es nicht, den Probennehmer bis zum Boden des Grabs zu drehen. Es gab zu viele Knochen.

***

Ich habe darüber nachgedacht, was wohl Großvater dachte, als er damit Geld machte, indem er die Soldaten aus dem Vernichtungslager fütterte. Ich möchte gerne denken, dass seine ganze Hilfsbereitschaft, an die ich mich erinnere, und das, was für ein Mensch er danach war, dass das alles Genüge getan hatte dafür, dass er doch den Käse und die Milch da hingebracht hatte.

***

Diese Arbeit hat mich verändert, sie hat ihren Abdruck auf mir hinterlassen. Immer, wenn die Archäologen jetzt kommen, melde ich mich als Helfer. Das nun schon zehn Mal. Wir gehen mit Schaufeln in die Tiefe der Erde. Und wenn da etwas auftaucht, dann ganz langsam, Schicht um Schicht. Ich weiß nicht, ob die Archäologen Ihnen gesagt haben, aber ich bin es, der die meisten Fundstücke findet. Denn mich interessiert das, denn es ist mir wichtig, denn mir geht das nahe. Das ist nicht nur eine Arbeit für mich. Ich könnte das sogar umsonst machen, ich denke: Ja, man soll, man soll erinnern.

Jeder noch so winzige Gegenstand ist wichtig für mich. Es gab eine Zeit, da haben wir unzählige Knöpfe ausgegraben. Verschiedener Größe, Form, Farben, gelbe, rote, schwarze. Es war nicht hundert, sondern Hunderte. Wie oft dachte ich danach: An welchem Mantel hatte dieser Knopf gehangen, an welchem Kragen oder Ärmel …

Ich denke, dass die Archäologen Vertrauen zu mir haben. Sie nehmen mich mit zu den schwierigsten Ausgrabungen. Einmal sind wir auf einen dunklen Erdstreifen gestoßen. Der musste untersucht werden. Die Ausschachtung war schon über zwei Meter tief. Auf einmal wurde die Erde klebrig wie Talg. Ein Gestank – nicht zum Aushalten. Ich grub weiter. Genau daneben hatten die Verbrennungsstapel gestanden. Die Deutschen hatten auf ihnen die Leichen verbrannt. Das flüssige Fett der Leichen ist in die Erde gesickert. Das war die dunkle Spur in der Erde.

Wohin ich auch fahre, wo ich auch durch den Wald oder über Wiesen gehe, automatisch schaue ich, ob es dort nicht vielleicht Knochen gibt, kleine, verbrannte Splitter. Ich erkenne sie aus der Ferne. Nach so vielen Jahren Arbeit … Ich kann diesen Reflex nicht loswerden.

Vielleicht denken Sie jetzt, dass ich irgend so ein Fanatiker bin, ein Verrückter, der einer neuen Religion anhängt. Aber ich fühle mich so, als ob die Opfer zu mir sprechen. Sie schreien, sie fordern die Erinnerung ein. Hier liegen Tausende Menschen, es ist schwer, das mit dem Verstand zu begreifen. Es gab ein Leben, jetzt gibt es das nicht mehr. So ein Gespräch über einen Knopf, das Sinnen darüber, die Frage, wem er gehört haben könnte, und schon kommt die Erinnerung an jemanden zurück. Daran glaube ich. Vielleicht ist das dumm. Denn wenn wir nicht erinnern, dann bedeutet das, dass das, was hier geschah, niemanden von uns etwas lehrt. Und dass es sich irgendwann einmal wiederholen kann.

***

Am Anfang habe ich noch mit Leuten von hier gesprochen, mit den Nachbarn. Ich habe ihnen gesagt, was wir hier im Lager machen. Denn viele waren sehr neugierig, sie haben mich gefragt: „Und was habt ihr da heute so gefunden?" Ich antwortete: „Na, Knöpfe." „Aber, was denn. Und wie viel Gold?" „Keins." „Ach, hör doch auf."

Denn hier herrscht die Überzeugung, dass die archäologischen Arbeiten nur im Hinblick auf das Gewinnen von Gold stattfinden. So war mein Eindruck. Erst habe ich ihnen erklärt, dass ein Knopf wichtiger ist als Gold, später aber habe ich damit aufgehört. Ich habe hier eine Gleichgültigkeit vorgefunden, ein Schulterzucken. Heute versuche ich nicht mehr, irgendwas zu erklären.

Am liebsten reden die Leute untereinander über das Gold. Zum Beispiel über einen Typen aus dem Nachbardorf, der direkt nach der Befreiung tagelang in der Lagerlatrine gesessen hat. Versteckt unter Brettern hat er die Fäkalien Schicht für Schicht durchsucht. Die Familie kam, um die Beute abzuholen. Oder darüber, was man alles finden konnte, wenn man ein Feld in der Nähe des Lagers bearbeitet hat. Wertgegenstände kamen wie von alleine aus der Erde. Oder darüber, wie sie nach dem Krieg auf Teilen des Lagers Wald anpflanzten und die Leute hinter dem Pflug herliefen und schauten, ob die Egge nicht etwas Glitzerndes an die Oberfläche brachte. Fast schlugen sie sich miteinander.

Ich bemühe mich, niemanden zu verurteilen. Ich denke, der Mensch ist von Natur aus schlecht. Er wird als Egoist geboren und liebt nur sich selber. Von Anfang an hat er die schlechten

Eigenschaften entwickelt, die guten muss er erst lernen. Zu einem guten Menschen kann man werden, das bedeutet aber, eine gewisse Arbeit zu leisten. Ich glaube, dass jeder auch einen Kern Gutes in sich trägt, es aber von ihm selbst abhängt, was er daraus macht. Nicht jeder jedoch ist in der Lage, eine solche Anstrengung auf sich zu nehmen, und nicht jedem ist dies wichtig.

„III Abteilung des Lagers.
Hier wurden die Leichen verbrannt."
Bildunterschrift des
Sobibór-Überlebenden Thomas Toivi Blatt
Sobibór, Sommer 1964, Sammlung Thomas Toivi Blatt.

VI

Schürfplätze

Sommer 1978. Sobibór

Claude Lanzmann sammelt Material für *Shoah*, den Dokumentarfilm, der ihm in ein paar Jahren Weltruhm einbringen wird. Der Regisseur spricht mit Jan Piwoński, der in den Kriegszeiten auf der Bahnstation als Helfer des Weichenwärters gearbeitet hatte. Von dem Bahnhofsgebäude bis zu dem Gaskammern sind es lediglich ein paar Hundert Meter. Der Eisenbahner hörte oft die Schreie der Menschen, die in den Tod getrieben wurden. Er hörte sie auch bei sich zu Hause.

„Manchmal, wenn das Wetter günstig war, vor allem am Morgen oder am späten Abend, konnte man die Schreie im Dorf Żłobek hören, dort wo ich wohnte“, erzählt er.

In direkter Linie liegt das Dorf drei Kilometer in südlicher Richtung vom Lager.

„Können Sie die Schreie beschreiben?“, bittet Lanzmann ihn.

„Das kann man nicht beschreiben. Das war ein einziges Gebrüll. Ein unglaubliches Stöhnen, eine Kakophonie irgendwelcher nicht-menschlichen Stimmen, genauso, wenn ein Mensch ermordet wird. Die Stimmen von Frauen, von Männern und die deutlichen Schreie von kleinen Kindern. Und auf der anderen Seite die Schüsse aus Handfeuerwaffen und das Gebell der Hunde. Ich bin überzeugt davon, dass wenn jemand einmal diese unfassbaren Schreie gehört hat, dann vergisst er sie wohl nie wieder."[1]

Einen Weile später fragt der Regisseur noch: „Wann haben Sie begriffen, auf welche Art die Menschen ermordet wurden?"

„Wenn es um die Tötungsart geht, dann hat es nicht besonders lange gedauert. Wir haben bestimmte Sachen mitbekommen. Wenn nämlich die Schreie begannen, hielten sie eine gewisse Zeit lang an, im Moment kann ich nicht genau einschätzen, wie lange, aber dann trat Stille ein. Und dann, genau in der Zeit dieser Stille, war deutlich ein Verbrennungsmotor des Typs Diesel[2] zu hören."[3]

Winter 1960

Die Forstbeamten entscheiden sich, einen Teil des Lagergeländes einzuzäunen. Es geht um den Platz, an dem sich die Massengräber befinden. Pfosten werden vorbereitet und Tafeln aufgestellt. Die Aufschrift lautet: „Staatliche Forstbehörden Sobibór. Ein Ort der Hinrichtung von Opfern eines Hitler'schen Lagers. Zutritt verboten, Zuwiderhandlungen ziehen strafrechtlich-administrative Folgen nach sich." Auf den Tafeln wird die Bevölkerung informiert, dass es nicht erlaubt ist, die Gräber der ermordeten Juden aufzuwühlen, ihre Überreste herauszuholen und sie durch ein Sieb zu geben, um Gold zu suchen.

Kurz davor nehmen Polizisten jedoch vierzehn Personen fest. Alle sind aus demselben Dorf, es heißt Żłobek. Dies geschieht

1 Dieser Ausschnitt des Interviews wurde schließlich nicht in *Shoah* aufgenommen.

2 Die Opfer des Vernichtungslager Sobibor wurden mit Kohlenmonoxid-Gasen ermordet. Dafür wurde ein Benzinmotor verwendet, ein Dieselmotor wurde für ein Stromaggregat genutzt.

3 Jan Piwońskis Befragung durch Lanzmann: https://www.youtube.com/watch?v=w_-9BDHppQQ [15. 6. 2022].

im Februar 1960, das Vernichtungslager war im Dezember 1943 aufgelöst worden, zwei Monate nach der Flucht der Gefangenen.[4]

Nach den Verhaftungen macht sich der Staatsanwalt aus Włodawa nach Sobibór auf, um eine Ortsbegehung vorzunehmen. Er findet einen amateurhaft errichteten Tagebau zur Goldgewinnung. Deren Bergarbeiter suchen nach Goldzähnen, Fingerringen, Ohrringen und Schmuck.

Dreihundert Meter von der Bahnstation Sobibór entfernt sieht der Staatsanwalt den Platz, der seit Kurzem umzäunt ist, es gibt auch die Tafeln. Hier war das Lager III, hier standen die Gaskammern. Von hier aus wurden die Leichen auf Wagen der Schmalspurbahn zu den Gräben transportiert. Man legte sie in Schichten übereinander, eine auf die andere, abwechselnd den Kopf zu den Füßen und umgekehrt. So war es praktischer. Als die Erde keine mehr Leichen aufnehmen konnte, befahlen die Deutschen, sie wieder auszugraben und zu verbrennen. Die meisten Leichen grub man aus. Auf Rosten aus Eisenbahnschienen brannte es Tag und Nacht. Die Knochen wurden in Mühlen zermahlen und mit der Asche vergraben.

4 Am 14. Oktober 1943 versuchte eine Gruppe von Gefangenen, die SS-Wachmannschaft zu töten und zu flüchten. An der Spitze der Widerstandsgruppe standen Aleksander Petscherski, ein Leutnant der Roten Armee, der mit einem Transport von Kriegsgefangenen nach Sobibor gekommen war, und der Rabbinersohn Leon Felhendler aus Żółkiewka im Lubliner Land, der dort Vorsitzender des Judenrats war. Nach der Tötung der SS-Wachmänner und deren Helfern wollten die Aufständischen die Gefangenen durch das Haupttor herausführen. Damals wurden rund 600 Personen im Lager festgehalten. Der Plan ging jedoch nur teilweise auf, zwölf Angehörige des Lagerpersonals wurden getötet, die übrigen eröffneten von den Wachtürmen das Feuer auf die Gefangenen. In der chaotischen Schießerei gelang es etwa 350 von ihnen zu fliehen. Bei einer mehrtägigen Treibjagd wurden jedoch viele aufgegriffen. Bis Kriegsende überlebten nur 47 ehemalige Gefangene Sobibors.

Als Sobibor aufgelöst wurde und die Gebäude abgerissen wurden, entstand auf dem Lager III ein freier Platz. Die Deutschen pflanzten dort Nadelbäume. Sie sollten dabei helfen, das Verbrechen zu verheimlichen.

Der Staatsanwalt bemerkt die Löcher und die Asche. Etwas weiter im Wald findet er die nächsten. Sie sind riesig, manche haben eine Tiefe von vier Metern. Daneben Berge mit der herausgeholten Erde. Manche Gruben haben an der Seite Vertiefungen, so als ob jemand versucht hätte, Gänge anzulegen.

Der Ermittler notiert:

„In den Vertiefungen wie auch auf dem gesamten Gelände verteilt sind verbrannte und nicht verbrannte Knochen zu sehen, menschliche Totenschädel und Kiefer mit Gebissen, lange menschliche Haare. An manchen Knochen und Schädeln ist die sich in weit fortgeschrittenem Stadium der Zersetzung befindliche Leiche noch zu erkennen. Überall sind durchsiebte Erdhaufen und daneben Knochen zu sehen. Am Rand einer Grube liegt eine Beinprothese, die aus der Erde geholt wurde, wovon die rostigen Metallteile zeugen, und das Leder, an dem Erde haftet."

Vertiefungen und schiefe, untergrabene Bäume.

„In der Luft liegt über dem gesamten Lager ein sehr starker, unangenehmer, in den Atemwegen beißender Geruch."

Ein paar Hundert Meter weiter befindet sich etwas, das wie eine kleine Erhebung aussieht. Auf den Schwarz-Weiß-Fotos der Ortsbegehung sind kleine Knochenteile zu sehen.

„Weiter in einer Entfernung von 300 Metern in Richtung Südwesten befinden sich riesige Aufschüttungen von menschlichen Knochen, die von den Ausgrabungsstätten des Massengrabs hierhin gebracht wurden, wovon ein ausgetretener Weg zeugt, auf dem verteilt Knochen liegen. Die Aufschüttungen dieser Knochen kann man vom Umfang her in der Menge von rund zwei Güterwaggons der Eisenbahn beschreiben. In der Mitte der jeweiligen Aufschüttungen ist eine gegrabene Vertiefung mit Wasser, in der sich derzeit Eis befindet. Von diesen Vertiefungen gibt es vier. Sie dienten, wie man aus den Aufschüttungen und den zurückgelassenen Sieben und Schöpfkellen schließen kann, zum Auswaschen der hierhin gebrachten Knochen, denn die hier liegenden Knochen sind gewaschen – sauber."

Am Ende seines Berichts notiert der Staatsanwalt in seinem Bericht, dass auf dem Gelände des ehemaligen Lagers leere Wodkaflaschen und eine große Menge von Bonbonpapier zu sehen ist.

Zu den Löchern mit Wasser sagen die Leute: Schürfplätze.

Herbst 2016

Ich fahre nach Żłobek. Ich werde noch oft hier sein.

Der Mann von Maria[5] war einer der vierzehn im Jahr 1960 Festgenommenen.

„So schnell verging das Leben, man weiß nicht wann. Es war gut, dass ich ein paar Mal auf Pilgerreise gefahren bin und deswegen ein wenig von der Welt gesehen habe. Ich war in Auschwitz, in der Aula von Kolbe, in dem Haus in Wadowice, in dem der Papst geboren wurde, und in Krakau habe ich meine Hand auf den Sarkophag von Präsident Lech Kaczyński gehalten."

Der Glauben ist ihr sehr wichtig. Maria half beim Bau der Kapelle, in der sie heute betet. Das Gotteshaus steht in Sobibór (während der Ermittlungen gegen die Grabräuber im Jahr 1978 wird es für die Polizisten der Feste Referenzpunkt).

„Erst stand an diesem Ort eine kleine Kapelle. Sah so ähnlich aus wie meine Küche hier. Sie haben sie noch in den 1920er-Jahren gebaut, und sogar die Deutschen haben sie nicht angerührt. Und später wurde eine neue gebaut. Vierundachtzig

5 Vorname geändert.

wurde sie eingeweiht. Ich ging sogar dahin, um die Kapelle weiß anzustreichen, weil der Pfarrer darum gebeten hatte. Mit meinen Freundinnen bin ich losgegangen, und wir haben auf den Feldern Steine gesammelt. Die Wand ist schön mit ihnen belegt. Jeden Sonntag hält der Pfarrer die Messe dort.

Maria glaubt an die Wiederauferstehung, und deswegen gefällt es ihr nicht, was ihre Nachbarin aus Żłobek vor einiger Zeit gemacht hatte.

„Ihre Mutter ist gestorben, und sie hat sie in die Nähe von Warschau bringen und dort einäschern lassen. Und jetzt lachen die Leute über sie, weil sie ihre Mutter verbrannt hat. Ein Grabmal braucht sie nicht machen, sie braucht nichts. Weil sie die Asche nur in das Grab der Eltern gelegt hat. Mit meiner hätte ich das so nicht machen wollen, sie soll in Ruhe liegen können, sie soll ihre Ruhestätte haben. Was da in dem Sarg passiert nach den ganzen Jahren, das passiert eben, aber sie soll dort sein. Und wenn ich zu Allerheiligen dorthin gehe, dann weiß ich, dass meine Mutter dort liegt. Ich hätte also lieber, dass man mich nicht verbrennt. Meine Kinder wissen das. Ich habe bereits mein Grab und ich habe dort einen Platz. Zu meinem Mann gehe ich."

Die Deutschen haben die Juden verbrannt.

„Das war nicht auf die christliche Art und menschlich war es wohl auch nicht. Sogar Tiere verbrennt man nicht. Wenn eine Kuh oder ein Schwein krepiert, denn wird es vergraben."

Nach Żłobek kam sie mit ihren Eltern kurz nach dem Krieg. Geboren wurde sie bei Włodawa. Sie flohen von dort vor den Ukrainern und sind dann hier im Dorf in ein Haus gezogen.

Hier hat Maria ihren späteren Mann kennengelernt. Er war Bauarbeiter und starb vor vielen Jahren. Er war an Asthma erkrankt und rauchte dennoch Zigaretten. Eigentlich hatten sie einmal den Plan, in die Stadt zu ziehen. Er wollte eine Wohnung in Chełm besorgen, war aber schüchtern, und es wurde nichts daraus. Am Ende fuhr sie nur in die Stadt, um ihn im Gefängnis zu besuchen. Mit einem kleinen Kind an der Hand.

Das, was im Winter 1960 passierte, schlug im Dorf wie eine Bombe ein. So viele Leute wurden festgenommen.

„Das war für alle ein Drama und kam völlig überraschend. Es gab kein Hinweisschild, keine einzige Warnung. Ich bin, Gott bewahre, nicht dahin gegangen, ich hatte Angst. Wer aber wollte, der konnte auch. Und die Leute haben das gemacht, da gibt es nichts, worüber man sich wundern sollte. Hungrig, unterkühlt, abgerissen. Und dann kam völlig unerwartet die Polizei."

Szymon, der Mann von Maria, gibt im Verfahren genau solch eine Erklärung ab: „Ich wusste nicht, dass das Graben dort besonders verboten war. Manche meinten, dass man erst, wenn sie Schilder aufstellen, nicht mehr graben darf", sagt er vor dem Staatsanwalt aus.

Die Ehefrau: „Ob es, solange es keine Hinweisschilder gab, erlaubt war, in den Leichen zu wühlen? Was weiß ich, ob sie überhaupt bis zu denen vorgedrungen sind? Die Leichen waren doch ein paar Meter tief vergraben."

Ein Forstarbeiter, der in dieser Zeit viele Male auf dem Lagergelände war, erzählt dem Staatsanwalt beim Verhör: „Zum größten Teil waren die Knochen, die herausgeholt waren, verbrannt. Dazwischen habe ich aber auch nicht verbrannte Knochen gesehen und Schädel, an denen sich halbverweste Gehirnreste und Blut befanden."

Szymon konnte umso mehr annehmen, dass es, solange es keine Warnschilder gibt, erlaubt ist, nach Gold zu suchen, da er dies schon viele Jahre zuvor getan hatte. Während der Ermittlungen erzählt er selbst davon. Er erklärt, dass er vor 1947 in Gesellschaft von vielen anderen gegraben hatte. Damals hatte er einen Ohrring gefunden, den er sofort verkaufte. Er war zu der Zeit noch ein Jugendlicher.

Im Februar 1960 geht er zum Lager, da er hört, dass dort wieder gegraben wird.

Maria fragt: „Muss das Ganze denn in der Erde liegen bleiben? Es war doch wohl besser, es zu finden und es zu ein paar Złoty zu machen.“

***

Antoni bedauerte bis zu seinem Lebensende, dass er die Fotos nicht behalten hatte. „Immer wieder hat er das wiederholt“, sagt die Schwiegertochter. „Das eine bedaure ich, sagte er.“

Jemand hatte sie in einer alten Kate am Ende des Dorfs gefunden. Die Fotografien gingen im Dorf herum, und auch Antoni bekam sie in die Hände.

„Ich war damals noch ein Kind“, erinnert sich sein Sohn. „Ich wusste, dass es sie gab, gesehen habe ich sie allerdings nie. Solche Fotos wurden einem Kind nicht gezeigt.“ Sie waren in der Kriegszeit entstanden. Auf den Fotos waren Mädchen aus der Gegend mit Wachmännern aus dem Lager zu sehen.

Winter 1960. Er gibt keine der Beschuldigungen zu. Er behauptet, durch den Wald gegangen zu sein, um seinen Lohn bei der Försterei abzuholen.

Ein Analphabet, zwei Pferde, zwei Kühe, ein Stück Land. Die Erde war hier jedoch karg, sie war sandig. Er verdiente also dazu beim Beladen von Waggons mit Holz. Zu Hause zwei Söhne und eine Frau. Er geht, um seinen Lohn zu holen, auf dem Weg, der von Żłobek zur Försterei führt. Er sieht im Wald den Ort, an dem sich das Lager befand, er sieht die Löcher, die Leute, sie suchen Gold, er kennt die meisten nicht, vielleicht sind sie aus Lublin gekommen, so sagt er dem Staatsanwalt.

Er erkennt nur seinen Nachbarn. Das war Szymon, allerdings war er nicht alleine. Bei ihm ist Maria. Sie graben und durchsieben Knochen, es ist also besser, das Gold zu finden, als dass es in der Erde liegt.

Nach der Festnahme kommt Antoni schnell wieder aus der Haft frei. Als er ein weiteres Mal vor dem Staatsanwalt steht, ändert er seine Aussage. Er erinnert sich, dass Szymon einfach nur bei der Grube stand, und dessen Frau erwähnt er überhaupt nicht mehr. Der Staatsanwalt fragt nicht nach.

Vor dem Gericht wiederholt er nur noch, dass er dort entlanggegangen ist. Das Gericht glaubt ihm jedoch nicht. Es gibt die Aussagen anderer, die gesehen hatten, wie er gegraben hatte.

Als er begreift, dass er das Urteil absitzen muss, bittet er darum, dass der Vollzug aufgeschoben wird. Seine Frau hat ein Herzleiden und Probleme mit den Nerven, zu Hause gibt es Kinder, und er ist gerade dabei, einen Schweinestall zu bauen. Das Gericht lässt sich jedoch nicht darauf ein.

„Wenn sie tatsächlich so etwas getrieben haben, dann ist es richtig, dass sie verurteilt wurden“, findet heute sein Sohn. Er will nicht nur über den Vater sprechen, sondern lieber über alle.

Die Schwiegertochter bemüht sich um Verständnis: „Die Deutschen haben die Verachtung gegen die Juden hierhin gebracht, und die ist in den Leuten geblieben. Keiner von denen wäre auf einem katholischen Friedhof graben gegangen.“

„Nicht weit von hier entfernt gibt es im Wald das Grab eines russischen Piloten, und den hat niemand ausgegraben“, mischt sich der Sohn ein.

Antoni trug bis zum Ende seines Lebens Groll in sich. Vielleicht hätten sie ihm das Urteil aufgeschoben, wenn da nicht jemand aus dem Dorf gewesen wäre. Eine Kommission kam nach Żłobek. Sie prüften, wie das bei Antoni aussieht, und jemand steckte ihnen, dass es gar nicht so tragisch aussieht und dass, wenn er einsitzt, die Familie mit Sicherheit auf dem Feld hilft.

Aber Antoni schmerzte noch etwas anderes.

„Viele machten sich über ihn lustig, dass er zugelassen hat, dass sie ihn einbuchten“, sagt die Schwiegertochter.

Nicht gelacht haben sie jedoch über die Nachbarn, zu denen abends die Wachmänner aus dem Lager kamen, die Ukrainer. Der Hausherr ließ sie mit der Tochter alleine, er selbst ging aus der Kammer hinaus, um nicht zu stören.

„Zuhälterei? Nein, das ist ein schlechtes Wort", sagt der Sohn von Antoni. „Die Soldaten bezahlten mit Geld für die sexuellen Dienste, und das war alles. Niemand hat die Frau später dafür besonders schikaniert, nur einmal habe ich gehört, wie lange nach dem Krieg eine Nachbarin im Streit sie anschrie: ‚Du hast doch mit deinem Arsch in den deutschen Zeiten dazu verdient.' Aber das war eine Ausnahme.

Es blieben die Fotos. Sie zeugten von den Dienstleistenden und den Kunden. Nach dem Krieg gaben die Bauern die Fotos untereinander weiter, um sie anzuschauen. „Wenn Schwiegervater die behalten hätte, wenn er sie noch gehabt hätte, dann hätte er nicht zugelassen, dass man ihn runtermacht. Denjenigen, die sich über ihn lustig gemacht haben, hätte er sagen können: Und was habt ihr gemacht?"

1946

Er gibt sich als englischer Journalist aus, würde aus Palästina kommen und für die New Yorker Zeitschrift „Forwerts" schreiben. Mordechaj Tsanin wurde in Sokołów Podlaski geboren. Er gibt seine polnische Herkunft jedoch nicht zu. Er will herausfinden, was von der jüdischen Gemeinschaft in Polen übrig geblieben ist. Er fährt durch das ganze Land und schreibt Reportagen. Im Jahr 1946 oder 1947 kommt er nach Sobibór. Er trifft einen Bauern und bittet ihn, dass er ihn zu dem Platz bringt, wo das Lager war. Er schlägt ihm vor, ihn dafür zu bezahlen. Der Bauer weiß am Anfang nicht, um was es geht. Dort ist schließlich nichts mehr zu sehen. Am Ende stimmt er zu. Er denkt, dass der Besucher aus England gekommen ist, um Gold zu suchen.

Tsanin notiert: Das ganze Gelände, jeder Erdbrocken wurden aufgewühlt.[6] Sein Begleiter meint, dass wenn man gut arbeitet, man bestimmt noch etwas finden kann.[7]

Damals gibt es keine Grabräuber mehr. Die Miliz oder die Armee[8] hat sie vertrieben. Allerdings nicht für lange.

Sommer 1959

Forstarbeiter entdecken Löcher. Sie sehen auch Leute, sie haben ein Sieb und Schaufeln. Sie kennen sie nicht und denken, dass sie aus Lublin gekommen sind. Sie nennen sie abfällig „die Lubliner". Es gibt immer mehr Löcher. Die Knochen werden in den Sumpf, in die ausgehobenen Vertiefungen gebracht, und dort, in

6 Über die Anfänge der Goldsuche schreibt Marek Bem. Im Dezember 1943 war die Auflösung des Lagers abgeschlossen. In einigen Baracken, die nicht abgerissen wurden, brachten die Deutschen polnische Arbeiter des Baudienstes unter. Sie gruben einen Teil des Lagergeländes auf, durchsuchten die Abfallhaufen des Lagers, fanden Münzen und Wertsachen. Auch ukrainische Wachmänner, die die Arbeiter bewachten, suchten nach Wertgegenständen. Im Sommer 1944 besetzten Einheiten der Roten Armee und der Polnischen Volksarmee die Gegend. In Massen begann die örtliche Bevölkerung, das Gelände von Sobibór zu durchwühlen. Über das Durchwühlen des Bodens an den Orten ehemaliger Vernichtungslager, über einige Prozesse in den Jahren 1959/60 und die strafrechtlichen Konsequenzen für die verurteilten Grabräuber schreibt Zuzanna Dziuban, eine Kulturwissenschaftlerin, die unter anderem an der Universität Konstanz arbeitete.

7 Mordechaj Tsanin hatte auch vor, nach Bełżec zu fahren. Er gab dieses Vorhaben aber schließlich auf, da er in den unsicheren Zeiten des polnisch-ukrainischen Konflikts, der Kämpfe gegen den antikommunistischen Untergrund und das Banditentum, um seine Sicherheit fürchtete.

8 In einem Verfahren gegen die Grabräuber in Sobibór sagte der Oberforstwirt Włodzimierz Gerung aus, dass nach dem Krieg außer dem Forstangestellten auch Soldaten des Grenzschutzes die Grabräuber vertrieben. Sobibór liegt an der Grenze zur Ukraine.

den „Schürfplätzen“, werden sie im Wasser ausgewaschen. Denn auf diese Weise ist das Gold einfacher zu erkennen.

14. Februar 1960

Ein Tag aus dem Leben von Grabräubern aus der Stadt. Sie verlassen Lublin am Samstag, den 13. Februar, am Abend. Ihr Zug fährt gegen 23 Uhr ab. An der Bahnstation in Sobibór kommen sie sehr früh morgens an. Sie warten, bis es dämmert und danach noch etwas länger, bis es aufhört zu regnen. Sie sitzen in dem kleinen Warteraum im Bahnhof. Es ist dasselbe Holzgebäude, neben dem die Transporte mit den Menschen gehalten hatten, die fürs Gas bestimmt waren. Um rund 13 Uhr machen sie sich auf, sie gehen graben. Vor Ort sind sie nicht alleine, sie sehen etwa 20 Personen.

Sie sind zu viert, zwei arbeitslose Kraftfahrer, ein weiterer ohne Beruf und ein Monteur, der auf Baustellen arbeitet. Der Älteste ist 39 Jahre alt. Sie sind Nachbarn aus einer Straße. Die Schaufeln haben sie im Gebüsch versteckt. Sie waren hier schon früher gewesen, wenn auch nicht alle, der Monteur ist das erste Mal mit. Sein Schwager, einer der Kraftfahrer, hat ihn überredet.

Der Monteur hat Kraft in den Armen. Zum Graben eignet er sich am besten. Am Anfang zögert er jedoch ein wenig, er fürchtet, dass sie nicht vor Montag zurück sein werden und er seinen Tageslohn auf der Arbeit verliert. Der Schwager beruhigt ihn jedoch. „Du schaffst es zur Arbeit, und wenn nicht, dann können wir dir ja den Tagesverdienst zurückgeben.“

Sie fahren also in den „Wald, in dem das jüdische Lager gewesen war und wo man etwas verdienen kann“.

Sie graben mehrere Stunden lang, drei sind in der Grube, einer mit dem Sieb oben. Der Tag lohnt sich. Sie finden goldene Zahnkronen. Sie stecken alles in eine Streichholzschachtel. Später wollen sie alles gerecht untereinander teilen.

Ein Forstgehilfe kommt. Einer von denen, die graben, erinnert sich, dass er sie fragte: „Wie läuft's bei Ihnen, meine Herren. Finden Sie etwas?" Und auch an die Antwort: „Nicht wirklich."

Alle jedoch erinnern sich, dass der Forstgehilfe von ihnen Geld für Wodka bekommen hat. Außer der Forstarbeiter selbst, der hinterher kategorisch behauptet: „Ich habe kein Geld von denen genommen."

Nicht ausgeschlossen, dass der Forstgehilfe ein wenig Angst hatte. „Die Lubliner" haben Küchenmesser in den Stiefelschäften stecken. („Die waren, um das Essen zu schneiden", erklärt später einer von ihnen.)

Sie arbeiten weiter, niemand stört sie. Bis zu einem bestimmten Zeitpunkt. Abends, vielleicht ist es jetzt so etwa 18 Uhr, taucht eine andere Gruppe auf. Ebenfalls Leute aus Lublin, Bekannte von ihnen. Es sind einige, sie haben keine Lust zu graben, sie wollen lieber die Grube übernehmen, die die gegraben haben, die morgens angekommen sind. Einer der Neuen ist ein wenig angetrunken. Ein Kumpel des Monteurs bekommt zweimal mit der Faust ins Gesicht.

Die ganze Vierergruppe, vertrieben aus ihrer Grube, geht zur Bahnstation. Dort übernachten sie. Morgens kehren sie zum ehemaligen Lager zurück. Sie wollen sehen, was dort los ist, aber leider: Die Neuen sitzen immer noch in ihrer Grube. Da entscheiden sie, dass es besser ist, nach Hause zurückzukehren. Sie fahren mit dem Zug nach Włodawa, wo sie, als sie gerade auf dem Busbahnhof Bier trinken, von einer Patrouille der Miliz angehalten werden, die von den Förstern verständigt worden war.

Sie versuchen erst gar nicht, sich herauszureden. Sie erzählen ausführlich über das, was sie getan hatten und wo, und auch, dass sie für die Familie etwas verdienen wollten. Sie haben kein schlechtes Gewissen. Sie verlieren das Gold, nach 48 Stunden werden sie freigelassen. Ein paar Wochen später werden sie aufgrund einer Entscheidung der Staatsanwaltschaft der Wojewodschaft Lublin vorübergehend in Haft genommen (mit Ausnahme des Monteurs, der sich seiner Überwachung fügen muss.)

Einer von ihnen schreibt später eine Eingabe an die Generalstaatsanwaltschaft: „Die Tat, die ich begangen habe, kam nur durch einen Zufall zustande, denn ich ließ mich dazu von dem Bürger K. überreden. Wir sind zusammen nach Sobibór gefahren, und dort haben wir uns vor Ort, wo andere schon gegraben haben, ebenfalls ans Graben gemacht. Wir haben dort weder eine Umzäunung noch ein Warnschild gesehen. Da ich die oben genannte Tat aus völligem Unwissen heraus begangen habe, bitte ich Sie sehr, mir beizustehen und meiner Bitte entgegenzukommen."

Wenn die Miliz sie nicht angehalten hätte, wäre es wahrscheinlich so wie schon zuvor gewesen. Das Gold hätten sie in Lublin verkauft, an den Genossenschaftsbetrieb „Jubiler" im Zentrum der Stadt. Für Goldzähne, die sie früher bereits im Vernichtungslager ausgegraben hatten, erhielten sie den entsprechenden Preis von 116 und 123 Złoty für ein Gramm Gold. Einer von ihnen erzählt später, dass er insgesamt etwa 1300 Złoty verdient habe, beim Goldschmied war er vielleicht drei Mal. In diesem Jahr lag der monatliche Durchschnittsverdienst in Polen bei 1560 Złoty.

Das Zahngold muss eine hohe Qualität haben. Der Goldschmied kann es später zum Beispiel bei der Herstellung von Schmuck nutzen, von Ringen oder Eheringen.[9]

9 Die Information über den Genossenschaftsbetrieb „Jubiler", in dem die vier Einwohner Lublins, die am 15. Februar 1960 festgenommen wurden, das Gold aus den Grabungen am Ort des einstigen Vernichtungslagers verkauften, findet sich in ihren Aussagen sowie in der Anklageschrift, die die Staatsanwaltschaft der Wojewodschaft Lublin im März

Am 14. Februar 1960 gruben die vier Einwohner Lublins in Sobibór insgesamt 19 Zahnkronen aus. 18 bewahrten sie in der Streichholzschachtel auf, die einer von ihnen in seinem Schuh hatte. Eine steckte der Baumonteur in seine Tasche. Später erklärte er dem Staatsanwalt: „Mit dieser Krone wollte ich mir meine Zähne machen lassen."

Als der Monteur nach Sobibór fuhr, hatte er Angst. Da ging es nicht nur um seinen Tagesverdienst, den er eventuell verlieren konnte. Er war sich auch nicht sicher, ob es erlaubt war, dort zu graben. Als sie jedoch am Ziel ankamen, griff er direkt nach der Schaufel. Der Schwager hatte ihn beruhigt: „Guck mal, Leute arbeiten hier, und da hast du Angst."

1960 vorlegte. Auch im Gerichtsurteil ist die Rede von einem Juwelierbetrieb in Lublin. Weder Staatsanwaltschaft noch Gericht gingen dieser Spur nach; sie überprüften nicht, ob der Inhaber nachgefragt hatte, woher die ihm angebotenen Zahnkronen stammten. Die Ermittlungen der Lubliner Staatsanwaltschaft machen den Eindruck, dass sie schnell und wenig präzise erfolgt sind. Beispielsweise gingen die Ermittler nicht der Information nach, dass es eine zweite Gruppe Grabräuber aus Lublin gab, die die vier Ersten aus der von ihnen gegrabenen Grube vertrieb, obwohl diese deren Namen und Adressen genannt hatten – während sie vor Gericht erklärten, von „unbekannten Tätern" aus Sobibór verjagt worden zu sein. Das Gericht schenkte diesem Widerspruch keine Aufmerksamkeit. Der Prozess war kurz, das Urteil fiel im Mai 1960. Zwei Einwohner Lublins wurden zu einem Jahr und sechs Monaten Gefängnis verurteilt, einer zu einem Jahr, der Vierte zu acht Monaten. Im Oktober 1960 wurde der Fall vor den Obersten Gerichtshof gebracht. Dieser bestätigte ein Urteil (auch, weil der Beschuldigte bereits früher wegen unrechtmäßiger Aneignung von Eigentum verurteilt worden war), die übrigen Strafen wurden reduziert.

Den aus Lublin Angereisten schließen sich Einheimische an, die meisten aus dem Dorf Żłobek, das dem Lager am nächsten liegt.

Das Graben hat ein „massenhaftes“ Ausmaß – das ist der Ausdruck, der in den Ermittlungsakten oft auftaucht. Die „Goldgräber“ kümmern sich nicht um die Förster.

Ein Forstbeamter erzählt später, wie er die Grabräuber trifft: „Ich ermahnte sie, dass es nicht erlaubt sei, die Gräber aufzuwühlen, woraufhin sie antworteten, dass es keine Schilder gebe, man also graben dürfe, und einfach in dem geöffneten Grab blieben.“

Ein anderer Forstgehilfe erzählt in dem Verfahren, dass er zwei Personen mit Spaten bemerkte. Sie hatten ihn auch bemerkt. Der Forstarbeiter reagierte nicht, er sagt, das hätte sowieso nichts gebracht. Die Leute aus der Försterei schießen zur Abschreckung sogar in die Luft, aber auch das ohne Erfolg.

Erst gemeinsame Patrouillen von Förstern und Polizisten bringen ein Resultat.

Der Forstwirt: „Im Moment, als wir uns ihnen näherten, standen sie alle in der Grube. Der Polizist fragte sie: Was macht ihr hier? Sie antworteten, sie würden graben. Auf Anweisung des Polizisten schütteten sie die Knochen aus dem Sack und entfernten sich.“

Das Forstamt leitet Włodzimierz Gerung, einst Soldat der Heimatarmee und ehemaliger Häftling im Lager Stutthof. Vor Gericht sagt er aus: „Bei mir gingen seit einigen Jahren Meldungen ein, dass die Gräber aufgewühlt wurden. Wir haben uns in dieser Sache um Hilfe an die Miliz gewandt. Ein Polizist sagte, solange das Gelände nicht umzäunt sei und solange es dort kein Schild gäbe, könnte man niemanden zur Verantwortung ziehen.“

Ein Polizist aus Włodawa sagt es ihm direkt ins Gesicht: Wir haben keine Grundlage zum Eingreifen. Manchmal nehmen Beamte Leute fest und lassen sie nach 48 Stunden wieder laufen.

Oberforstwirt Gerung setzt seine Vorgesetzten in Chełm von dem Problem in Kenntnis. Vertreter der Behörden kommen zu einer Ortsbesichtigung. Paweł Dąbek, der Vorsitzende des Präsidiums des Nationalrats der Wojewodschaft in Lublin, ein ehemaliger Soldat der Volksgarde und Häftling des KZ Majdanek, schaut sich die Löcher an. Er verspricht, dass auf dem Gelände Ordnung geschaffen und am Ort des ehemaligen Lagers ein Denkmal aufgestellt wird. Im Übrigen ist das schon seit Jahren in Planung. Aber in der Zwischenzeit geschieht nichts.

Die Forstbehörden bestellen Holzpfosten, sie wollen einen Zaun aufstellen. Auch Schilder wird es geben. Die Neuigkeit verbreitet sich schnell.

Der Förster: „Als die Leute davon erfuhren, begannen sie in aller Öffentlichkeit, an diesen Plätzen zu graben."

Die Löcher werden immer tiefer ausgehoben, die Grabräuber legen bereits Gänge an. Zwei Waggons voll ausgewaschener Knochen, die Schürfplätze im Sumpf, die Arbeit läuft mit Hochdruck.

Oberforstwirt Gerung ruft bei der Redaktion des „Kurier Lubelski" in Lublin an: „Ich bekomme das Problem mit den Leuten, die hier graben, nicht in den Griff." Er will, dass die Tageszeitung über das Problem schreibt. Er hört, dass die Journalisten intervenieren werden, sie kommen angereist. Tatsächlich tauchen sie in Sobibór auf, aber erst einige Monate später, unmittelbar bevor der Prozess gegen die Leute aus Żłobek beginnt. Sein Telefonanruf hat wahrscheinlich trotzdem etwas bewirkt.

Die Miliz beginnt, energischer aufzutreten, der Staatsanwalt mischt sich in die Sache ein. Unter den Festgenommenen ist eine Person, die im Auftrag der Förster Holz für die Umzäunung bereitstellen sollte. Die Polizisten treffen ihn in einer tiefen Ausschachtung an, in den Händen hält er ein Sieb, er ist so in seine Arbeit vertieft, dass er sie zunächst gar nicht wahrnimmt.

***

Der Text über die Plünderung des ehemaligen Lagers in Sobibór erschien am 3. August 1960 im „Kurier Lubelski" Nr. 211 – unmittelbar nachdem der Staatsanwalt im Kreis Włodawa die Anklageschrift gegen die Gruppe aus Żłobek an das Wojewodschaftsgericht in Lublin weitergeleitet hatte. Die Tageszeitung schrieb: „Es ist jedoch eine Tatsache, dass eine Reihe von tiefen Löchern gegraben wurde und Tonnen von Asche und menschlichen Knochen herausgeholt und geschändet wurden. Bis heute zeugen große Haufen modernder Überreste menschlicher Skelette von dem schändlichen Vorgehen dieser Leute, die in Kürze auf der Anklagebank sitzen werden." Der „Kurier" forderte die Behörden auf, das Gelände wirksam abzusichern und „dort zumindest einen Gedenkstein zu errichten".

Bereits zuvor, am 31. März, hatte „Sztandar Ludu" in der Nr. 77 über die Hyänen in Sobibór berichtet. Das war schon nach der Festnahme der Gruppe von Einwohnern Żłobeks und den vier Grabräubern aus Lublin. Aus dem Text ging hervor, dass sich der Staatsanwalt der Wojewoschaft, Stanisław Kostka, persönlich für das Vorgehen gegen die Grabräuber interessierte.

Die Tageszeitung des Wojewodschaftskomitees der PZPR unterstrich: „Und doch fanden sich Leute, die hemmungslos die noch frischen Gräber aufwühlen, um irgendwelche noch so geringen persönlichen materiellen Vorteile daraus zu ziehen. Ihr Handeln ist nicht nur eine Schändung derer, die dort umkamen. Es beleidigt auch uns alle, die wir heute leben. Darum fordern wir, dass die Schuldigen mit der ganzen Härte, die unser Gesetz zulässt, bestraft werden."

Herbst 2016. Żłobek

Sie stellten ein Haus auf. Für die Decke in einem Zimmer reichte es nicht. Er saß danach dafür mehrere Monate, und für das Holz musste er auch noch eine Geldstrafe zahlen.

„Er sollte einen toten Baum im Wald finden, er aber fällte einen im Staatsforst“, erzählt Leokadia, seine Frau. Sie waren damals beide zwanzig Jahre alt. Er kam wieder frei, er kehrte nach Żłobek zurück, sie brauchten Geld.

„Und er wollte los, um Gold zu suchen. Es sind doch alle gegangen, also wollte er auch. Ich habe das nicht zugelassen. Wir haben uns gestritten. Du gehst nirgendwo hin! Dort gab es Unglück, sie verbrannten Menschen!“

Leokadia wurde ein Jahr nach Ausbruch des Krieges geboren. Den Krieg kennt sie aus Erzählungen der Eltern. Zum Beispiel die von den Wachmännern aus dem Lager, die von der Mama oft wiederholt wurde. Nachts kamen sie ins Dorf und hämmerten betrunken an die Häuser. Der Vater hob eine Grube zwischen den Bäumen aus, die er mit Ästen zudeckte. Dorthin flüchtete er, wenn sie in Żłobek waren. „Er hatte große Angst vor dem Tod“, sagt Leokadia.

Sie erlaubte ihrem Mann also an diesem Tag nicht, nach Gold zu graben. Er blieb genau an dem Tag zu Hause, als die Miliz die Leute aufzugreifen begann. Wäre nicht Leokadia gewesen, hätten sie ihn bestimmt erneut eingesperrt. Natürlich wusste sie davon, dass sie graben. Alle wussten das. Sie hat sich die Löcher angeschaut, und das nicht nur einmal.

„Zu den *Jüdchen*[10]“, „Ghetto“, „Stege“. „Zu den *Jüdchen*“ gehen bedeutete, Gold zu suchen. So nannten es die Leute. Das Lager war das „Ghetto“. Und „Stege“, das war der Weg zum „Ghetto“. Der Wald trennt Żłobek vom Lager. Bis zur äußersten Umzäunung, also den Fichten, an denen man immer noch den

10 Die wörtliche Übersetzung von polnisch „Żydki“ ist „Jüdchen“. Der Diminutiv der Bezeichnung für Juden ist in Polen vor allem auf dem Land verbreitet. Er betont die Distanz des Sprechers zu Juden und ist abwertend. Um diese negative Konnotation zu verdeutlichen, ist Jüdchen hier und im Folgenden kursiv gesetzt. Anm. d. Übers.

Stacheldraht erkennen kann, sind es in gerader Linie vom Dorf etwa anderthalb Kilometer. Im Frühjahr und Herbst kann man dort nur schwer gehen. Das Gelände ist sumpfig. Direkt nach der Befreiung fällten die Leute ein paar Bäume und legten durch den Erlenwald einen Weg aus Bohlen an, die „Stege".

Über die „Stege" gingen sie zur Bahnstation in Sobibór, noch öfter jedoch zur Kapelle. Die steht auf der westlichen Seite des „Ghettos". Man geht also erst über die „Stege" durch den Wald und dann über die Lichtung, das ehemalige Lager III, die Massengräber, und erreicht schließlich die Kapelle.

„Wenn wir also zur Kapelle gingen, konnten wir jeden Sonntag sehen, wie das dort alles aussah. Die Löcher, die unter den Bäumen gegraben waren, frische, tiefe, der Schürfplatz", erinnert sich Leokadia. „Ob der Geruch nicht gestört hat? Vielleicht war das dort ein bisschen zu riechen, aber die Leute gewöhnten sich daran, man kam ja nicht drumherum. Der Weg da entlang zur Kapelle ist der kürzeste. Außen herum sind es fünf Kilometer. Wer also würde so laufen? Mithilfe der ‚Stege' durch den Sumpf konnte man besser laufen. Na, und es gab die Chance, dass man nicht voller Matsch bei der Messe ankam."[11]

11 Ob die Geistlichen, die die Messe in der Kapelle von Sobibór – auf dem Gelände des ehemaligen Vernichtungslagers – abhielten, die Gläubigen ermahnten, das Gelände nicht auf der Suche nach Gold zu verwüsten? Bewohner der Gegend, mit denen ich sprach, erwähnten dies kein einziges Mal. Seit 1947 kümmern sich die Kapuziner um die Kapelle, sie hatten die Kirchengemeinde im nahe gelegenen Orchówek übernommen. Dort befinden sich ein Kloster und eine Kirche, das Sanktuarium Maria Trost. Wie mir der Vorsteher des Klosters und Pfarrer der Gemeinde, Jacek Romanek, mitteilte, ist die Gemeindechronik, die die Mönche seit 1947 führten, erhalten, sie erwähnt auch die Kapelle in Sobibór. Pater Romanek fand in ihr jedoch keinen Hinweis darauf, dass das Problem der Hyänen in dem ehemaligen Lager angesprochen worden wäre. Die Predigten seien nicht erhalten.

In diesen Jahren, so fügte Leokadia noch hinzu, war das nicht so wie heute, dass die Leute ein Auto haben, ein neues Haus, dass sie alles haben. Die Jahre damals waren nicht mit Reichtum gesegnet.

„Und ich glaube nicht daran, dass der Herrgott einen dafür bestraft, wenn man ins Ghetto ging, dort Gold fand und den Kindern davon Brot oder Wurst gekauft hat. Das glaube ich nicht."

1960

Vierzehn Festnahmen, alle aus einem Dorf, Männer: drei Junggesellen, elf Familienväter. Der jüngste ist 20 Jahre alt, der älteste 61. Zehn nicht vorbestraft, vier waren vorbestraft (allerdings nicht wegen Grabräuberei). Ein Analphabet, einer ohne Ausbildung, der Rest hatte ein paar Jahre Grundschule hinter sich. Die Hälfte nehmen die Polizisten in den Gruben fest, die andere Hälfte holen sie aus den Häusern. Eine Hälfte gesteht die Schuld vor dem Staatsanwalt, die andere Hälfte nicht. Meistens erzählten sie, sie seien nur vorbeigekommen oder sie seien hingegangen, um zu schauen; einer kam gerade von der Bahnstation zurück, von wo er seine Frau angerufen hatte, die im Sanatorium war, ein anderer war gerade auf dem Weg dahin, um einen Brief abzuschicken.

Belastet werden sie durch die Aussagen der Förster – und sie belasten sich gegenseitig. Manche sagen, dass die Angestellten des Forstbetriebs nichts dagegen getan hätten und dass es Situationen gegeben habe, wo sie sogar dazu ermuntert worden waren: Grabt nur, denn wenn hier Schilder aufgestellt sind, dann geht das nicht mehr.

Sieben werden vorübergehend in Haft genommen, der Rest wieder freigelassen.

September 1960. Der Prozess vor dem Wojewodschaftsgericht in Lublin. Teilweise ändern die Beschuldigten ihre Aussagen, sie gestehen ihre Schuld nicht mehr ein. Der Anwalt eines Beschuldigten will, dass der Nachbar des Festgenommenen zum Zeugen der Verteidigung wird. Er hat etwas Wichtiges mitzuteilen. Das Gericht gibt dem Antrag statt. Der Zeuge sagt aus, dass die Leute doch seit der Befreiung auf das Lagergelände gingen und dort ihre Kühe weiden ließen.

Zuvor war beim Staatsanwalt in Lublin ein Gesuch eingegangen. Anonyme Absender (sie schreiben über sich in der dritten Person Plural) entrüsten sich über die Festnahmen:

„Auf dem Gelände des Lagerplatzes sind Gärten und andere Parzellen angelegt, in denen sie Hafer säen sowie Kartoffeln und anderes Gemüse anpflanzen. Den restlichen Teil des Lagerplatzes nutzt die Försterei zum Aufforsten. Was ist das für ein Gräberfeld, auf dem Wald angepflanzt wird, aus dem Gärten gemacht werden und das für private Zwecke genutzt wird?“

Vor dem Gericht sagen dazu die Forstbeamten aus. Tatsächlich ist ein Teil des Geländes, etwa vierhundert Meter von den Gräbern entfernt, für Schrebergärten bestimmt. Genutzt wird dies von Angestellten der Försterei.

„Die Leute fanden Ringe, Goldketten und andere Gegenstände“, sagt ein Förster-Schrebergärtner aus.

Das Urteil. Dreizehn werden für schuldig befunden, die letzte Ruhe der Lageropfer gestört zu haben. Die Strafen. Ein Jahr und sechs Monate Haft (für drei), ein Jahr Haft (für neun), ein halbes Jahr (einer aufgrund seines Alters und Gesundheitszustands, ihm war die Nase amputiert). Eine Person wird vom Gericht freigesprochen.

Der Richter Czesław Maciejewski unterstreicht in der Urteilsbegründung, dass die Tat, die die Angeschuldigten begingen, eine harte Sanktionierung verlange. Er findet, dass das Lager vom Gesetz her als Ort der Ermordung der jüdischen Bevölkerung geschützt ist. Und er muss einräumen: „Bei dem

Strafmaß hat das Gericht die Tatsache berücksichtigt, dass das Lager bis zum letzten Moment auf keine Weise abgesichert war, dass es dort keinerlei Tafel oder Umzäunung gab, dass sich leider niemand für das Gelände interessierte. Dabei war das ein Lager gewesen, an dem die Hitleristen rund 350 000 Menschen ermordeten.[12] Schließlich ist dies ein Ort, der unter die allgemeine Sorgfaltspflicht der Gesellschaft fallen sollte, und als erster der notwendigen Schritte müsste das Gelände abgesichert werden, auch wenn dies auf die einfachste Art und Weise geschehen würde: durch das Aufstellen entsprechender Tafeln und das Umzäunen zumindest mit Pfosten."

Das Gericht fügt hinzu, dass wenn am Ende fünf Tafeln aufgestellt seien, die Leute aufhören würden zu graben.

Nach der Urteilsverkündung schickt ein Schöffe, der an dem Prozess teilgenommen hat, eine Erklärung an das Gericht. Er ist empört, die Strafen sollten niedriger ausfallen.

„Meiner Meinung nach sind das Sündenböcke", schreibt er über die Verurteilten. „Sie befanden sich auf der Anklagebank für das Parteiaktiv des Landkreises und der Wojewodschaft. Solche Plätze gehören gesichert und gekennzeichnet, eingezäunt und mit Tafeln versehen."

Wenn sich auf dem Dorf die Landwirte zu einem Kreis zusammensetzen, dann gibt es auch ein Aktiv. Das hätte doch eine Versammlung einberufen und das Thema ins Bewusstsein holen können. „Ein Interesse dafür zu wecken und zu den Leuten zu sprechen, und nicht nur graben und Tafeln aufstellen. Aber das passierte nicht, niemand interessierte sich dafür."

Wenn es eine Kennzeichnung gegeben hätte, dann wäre alles klar gewesen. „Das ist ein ehemaliges Lager, und würde sich jemand zu einer Missachtung hinreißen lassen, dann wäre

12 Heute schätzen Historiker die Anzahl der Opfer auf 170 000–180 000.

es begrüßenswert, ihn selbst zu zehn Jahren Gefängnis zu verurteilen. Wenn jedoch die Behörden nichts tun, dann ist das ihre große Schuld und liegt in der Verantwortung der Gesellschaft."

Der Schöffe drückt sein Mitgefühl mit den Opfern aus.

„Das waren Menschen, und die waren genau so wie wir. Waren sie denn schuldig, weil sie Juden waren? Waren wir denn schuldig, weil wir Polen sind? Da sind einige unserer polnischen Knochen, die mit den Genossen jüdischer Abstammung ruhen."

September 1963. Entscheidung des Obersten Gerichtshofs in Warschau unter dem Vorsitzenden Piotr Ławacz. Gegen den Urteilsspruch der ersten Instanz legen der Staatsanwalt (er will, dass der einzige Freigesprochene ebenfalls verurteilt wird) und die Verurteilten selbst Widerspruch ein. Der Urteilsspruch des Obersten Gerichtshofs sollte die Letzteren zufriedenstellen. Fast allen wird die Strafe auf Bewährung für einen Zeitraum von drei Jahren ausgesetzt.

Unter den Gesichtspunkten, die das Gericht in der Urteilsbegründung anführt, heißt es unter anderem: Der Ort wurde vernachlässigt, war nicht gekennzeichnet, und das Aufwühlen der Gräber war Dutzende von Jahren toleriert worden. Und dies „vermindert in Anbetracht des niedrigen geistigen Niveaus der Beschuldigten auf bedeutende Weise ihre Schuldfähigkeit".

Nach diesem rechtskräftigen Urteil gehen nur zwei Bewohner Żłobeks ins Gefängnis. Aus formalen Gründen kann das Gericht ihre Strafe nicht aussetzen. Aber auch hier wird sie bedeutend herabgesetzt – auf sechs Monate Haft.

Ins Gefängnis kommt Antoni, der später noch lange Jahre bereuen wird, dass er gewisse Fotos nicht behalten hatte.

Zwei Jahre nach dem letzten Urteilsspruch, im Frühjahr 1965, wird das Denkmal auf dem Lagergelände feierlich enthüllt. Die Aufräumarbeiten sind jedoch schon im Gange, als sich der Oberste Gerichtshof noch mit den Grabräubern beschäftigt. Ein

Beschuldigter überreicht dem Gericht eine Bescheinigung, nach der er bei den Bauarbeiten als physischer Arbeiter angestellt ist, er seine Aufgaben erwartungsgemäß erfüllt sowie gewissenhaft und verantwortungsbewusst ist.

Als die Polizisten einen Arbeiter in einer Grube festnehmen, den das Forstamt angestellt hatte, um das Holz für die Umzäunung anzufertigen, nehmen sie ihm einen Sack mit Knochen ab. Später streut der Staatsanwalt die menschlichen Überreste in Anwesenheit von Polizisten in eine Grube im Lager. Zwölf Stück Goldbruch aus jüdischen Zähnen, die Polizisten den Grabräubern abgenommen hatten, werden an die Niederlassung der Polnischen Nationalbank in Włodawa übergeben. Sie werden Eigentum der Staatskasse.

Anfang der 1990er-Jahre. Żłobek

Der Raum ist voll, die Leute sitzen auf der Bank, auf dem Sofa, wo es nur möglich ist. Schmerz, Beklommenheit, Beten, Schluchzen. Ein Kind ist gestorben. Der Junge war noch keine zehn Jahre alt gewesen. Er ging mit der Mutter und der Großmutter, um die Kuh heimzuholen. Er zog den Pflock heraus, das Kalb riss an der Kette, die Stange aus Stahl traf ihn an der Halsschlagader. Er verblutete noch auf der Wiese.

Heute nehmen sie Abschied von ihm, sie sind hier für die Eltern. Die Nachbarn.

Der einzige Sohn. Verzweiflung.

Plötzlich ein Aufschrei: „Lieber Gott, warum bestrafst du dieses Dorf nur so?"

Es ist der nächste Todesfall in kurzer Abfolge. Ums Leben kommen junge Leute. Er fuhr mit dem Motorrad und stieß mit einem Auto zusammen, Exitus. Er war 27 Jahre alt. Zu zweit gingen sie Karauschen fischen. Ein paar Schritte von Żłobek entfernt gibt es Seen. Sie zogen ein Netz heraus, eine Welle kam, das Boot kippte um. Das war im November, im Januar wurden sie gefunden. Der jüngere war 18 Jahre alt, er kam aus Żłobek.

Der Raum, der Schrei. Warum bestraft uns Gott nur so? Und da antwortet die Nachbarin, eine ältere Frau.

„Wieso? Ihr wisst nicht wofür? Über Gott beschwert ihr euch? Dieses Dorf stirbt. Es verschwindet, und ihr wisst ganz genau, wofür. Sehr gut wisst ihr das."

Einen Augenblick lang herrscht Stille.

Die 1960er-Jahre

Zermahlene menschliche Knochen stechen in die bloßen Füße. Dutzende, Hunderte kleiner Stückchen. Man kann sich daran verletzen.

Jan ist damals zwanzig Jahre alt. Bald wird er nach Żłobek ziehen, zu seiner Frau, aber noch wohnt er in dem Nachbardorf. Wenn das Wetter günstig ist, fängt er Fische. Er geht an den Fluss. Es ist Mitte der 1960er-Jahre. Am Ufer gibt es Hunderte kleiner Stückchen. Die Ansicht schockiert ihn nicht. Er ist hier aufgewachsen, er weiß, was das ist.

„Man ging mit einem Schiebenetz zum Fischfang", erzählt er mir.

„Mit einem Schiebenetz?"

„Ja, mit einem Kescher, das ist ein Netz auf einem Gestell."

Nein, er zeigt mir nicht heute, an welcher Stelle. Er muss arbeiten.

Mit einem Kescher in der Hand über die Knochen am Ufer.

„Man musste vorsichtig sein, wenn man auf ihnen lief."

***

Die Leute fangen Fische, die Kinder baden hier, und es ist auch eine Tränke für die Kühe, daneben sind die Weiden. Die Kühe gehen über die Knochen, um Wasser aus der Tarasieńka zu trinken. Im Wasser wird der Pferdewagen gewässert. Er gehört einem Händler. Wenn er zurückkommt, stellt er den Wagen einige Tage ins Wasser, damit die hölzernen Speichen nicht trocken werden und auseinandergehen.

Die Menge der Knochen, die von den Grabräubern vom Lagergelände zu den Schürfplätzen gebracht wurde, wird nach Güterwagen gemessen. Es handelt sich um zwei Wagen. Die Menge der Knochen, die zum Fluss gebracht wurde, wird in den Akten in Fuhren angegeben. Es waren etwa zehn. Das war die Schätzung des Wojewodschaftsgerichts in Lublin, als es im Jahr 1960 das Urteil sprach.

Der Fluss Tarasieńka ist drei Kilometer von den Massengräbern entfernt. Ein Kilometer bis Żłobek und noch zwei weitere über die Wiesen.

Als es bei den Schürfplätzen anfängt, eng zu werden und die Miliz mit den Forstbeamten auch noch bei der Arbeit zu stören beginnt, schaffen die Leute die Knochen nachts an den Fluss. Hier können sie sie in Ruhe auswaschen. Es gibt einen Zeugen, der im Winter Schlitten beobachtet, die vom Fluss kommen. Mehrere Male. Er erzählt dem Staatsanwalt davon. Auf den Schlitten sitzen irgendwelche Leute. Unter ihnen erkennt er seinen Nachbarn.

Es ist Roman, der Älteste in der Gruppe, die später vor Gericht steht. Als sie ihn festnehmen, ist er 61 Jahre alt.

Herbst 2016

Mein Begleiter ist der Enkel von Roman. Wir suchen den Ort, an dem über ein halbes Jahrhundert zuvor sein Großvater mit dem Schlitten gefahren ist. Die Knochen lagen viele Jahre an dem Fluss, niemand interessierte sich dafür. Sie wurden während des Verfahrens nicht abgesichert, niemand hat sie weggeholt. Der Staatsanwalt hat sie sich nicht einmal selbst angesehen, es fand keine Ortsbegehung statt, es gibt keine Fotos, keinen Bericht.

Den Staatsanwalt interessierten in erster Linie die Schürfplätze im Wald. Menschliche Überreste befanden sich aber auch an dem Fluss, das weiß ich aus den Aussagen und dem Gerichtsurteil. Davon erzählen auch die Bewohner des Dorfs.

Der Fluss sieht heute anders aus als nach dem Krieg. Er wurde später melioriert, sein Lauf verändert. Aber vielleicht gibt es immer noch Knochen dort? Obwohl er in Żłobek aufgewachsen ist, hat Marek sie noch nie gesehen. Vielleicht auch deswegen, weil er sich vorher noch nie besonders dafür interessiert hatte.

„Ich habe nur gehört, dass sie im Ghetto Säcke gefüllt haben und dann schnell, schnell an den Fluss damit!", erzählt er. „Aber zu Hause wurde nicht besonders viel darüber gesprochen. Und Großvater starb, bevor ich überhaupt geboren wurde."

Marek ist gelernter Bäcker. Er arbeitet im Wald, er transportiert Holz mit dem Traktor. Er ist vierzig Jahre alt, geschieden und Vater von zwei kleinen Söhnen. „Ich habe super Kinder, aber abgesehen davon, ist mir bisher im Leben noch nicht viel Gutes widerfahren. In den Sternen steht geschrieben, dass mir das Glück nicht mehr begegnen wird."

Darüber, was im Lager passierte, wurde zu Hause auch nicht gesprochen. Natürlich wusste er im Groben, um was es ging, aber nach Details hat er auch nicht gefragt. Wie viele Menschen dort ums Leben kamen, das erfuhr er, als er 14 Jahre alt war. Das war am 50. Jahrestag des Aufstands, das Museum wurde eröffnet, es kamen ehemalige Häftlinge, und die Lehrer erzählten über Sobibór in der Schule.

Wir laufen eine halbe Stunde lang, das Wasser ist bereits ein Sumpf. Vielleicht ist es gefährlich, wir kehren um. Heute zeigt mir Marek noch den Weg zum „Ghetto". Wir beginnen hinter seiner Scheune, gehen durch den Erlenwald, einmal waren die „Stege" hier. Auf ihnen ging man zu den „*Jüdchen*", zur Bahnstation in Sobibór oder zur Kapelle.

Und es gibt die Schürfplätze: ein zugewachsener Platz zwischen Bäumen, der mittlerweile mit Maschendraht umzäunt ist. Im Lager arbeiten in diesem Moment gerade die Archäologen. Sie untersuchen das Gelände, in Kürze entsteht hier die neue Gedenkstätte.[13] Es helfen ihnen Arbeiter dabei, das sind Leute von hier. Sie erzählen den Wissenschaftlern von den Knochen im Wald, vom Schürfen. Sie zeigten ihnen zwei Stellen. „Gedenkplatz I“ und „Gedenkplatz II“.

***

Sie suchten lange, aber am Ende fanden sie nur Schuhe. Die Taucher durchkämmten den See, die Feuerwehrleute setzten Netze ein. Aber nichts. Der ältere Bruder von Marek und sein Begleiter wurden vermisst. Eine Welle kam, das Boot kippte um, es war November. Mitte Januar gab das Eis sie frei, der Vater suchte von einem Boot aus im See. Die Leiche des Bruders war in gutem Zustand, der andere war nicht mehr zu erkennen.

„Das ist eine Strafe“, meint die Mutter von Marek. „Schlechte Sachen muss man später doppelt zurückzahlen. Ich wurde für jemand anders bestraft, das ist der Fluch, der auf den Nachkommen liegt. Das glaube ich.

Wir sitzen in der Küche und sprechen über die Gerechtigkeit und darüber, dass der Herrgott etwas gegen Źłobek hat.

„Ich glaube das auch, an etwas muss man schließlich glauben. Ein Fluch ist das“, sagt Marek.

13 2017 begannen die Arbeiten für die Errichtung der neuen Gedenkstätte und das Museumsgebäude in Sobibór. Das Museum wurde im Oktober 2020 eröffnet. Die Aufsicht über die Arbeiten hatte ein International Steering Committee, bestehend aus Vertretern der Niederlande, Israels, Polens und der Slowakei. Die Gedenkstätte Sobibór ist heute eine Abteilung des Staatlichen Museums Majdanek. Die Gedenkstätte war 1993 entstanden und bis 2012 eine Abteilung des regionalen Museums Pojezierza Łęczyńsko-Włodawskiego in Włodawa.

Es hat keine Bedeutung, dass weder sein Vater noch seine Mutter mit dem Sieb ins „Ghetto“ gegangen sind. So wie auch die nicht, deren Sohn, vom Kuhpfahl tödlich verletzt, auf der Weide umkam. Das betrifft ganze Familien, Generationen, das Dorf.

Im Jahr 1960 wird der Großvater von Marek, Roman, vom Staatsanwalt verhört. Er gibt nicht zu, die Leichen geschändet zu haben, erzählt gleichzeitig aber davon, wie er mit dem Spaten in der Erde grub, in der die Asche der Juden lag. Er erklärt, dass es ihm gelang, drei Teile von goldenen Zahnkronen zu finden. Wie ist es möglich, das Graben in den Knochen nicht mit Schändung in Verbindung zu bringen? Wie kann man in einem Grab ein Stückchen Metall aus einem menschlichen Kiefer in der Hand halten, ohne es mit einem Menschen in Verbindung zu bringen?

Hat er vielleicht den Inhalt der Beschuldigung nicht verstanden? Vor dem Krieg hatte er in Lublin gewohnt. Er war dort Eigentümer eines Fleischwarengeschäfts, den familiären Abgaben zufolge besaßen sie in der Stadt ein Wohnhaus. 1939 flüchteten sie in den Osten. Roman hatte in der Armee des Zaren gedient, er wusste, was Krieg bedeutete. Nach der Befreiung wae er im Handel tätig. Er fuhr zu Märkten, kaufte und verkaufte Pferde, gebrauchte Kleidung, Töpfe – alles womit man etwas verdienen konnte. Er lud seinen Wagen voll, das Fuhrwerk mit den hölzernen Speichen, und fuhr für ein, zwei Wochen über Land.

„Aus Erzählungen weiß ich, dass Großvater ein sehr dem Leben zusprechender Mensch gewesen war, ein Typ mit Klasse, nicht irgend so ein Bauer“, unterstreicht Marek. „Warum sah er im ‚Ghetto‘ nicht, dass es um Menschen ging? Diese Generation war abgehärtet, sie hatte schon einiges gesehen. Und es sah dort so verdammt verwahrlost aus, verflucht noch mal. Was ich heute davon halte? Ich habe keine Ahnung. Für mich ist das ein strafbares Handeln, aber wenn es so einen Zwang dazu gab? Wenn du so ein Stück Gold sehen würdest, würde dich das nicht interessieren? Ich denke, dass da die Augen doch ein bisschen leuchten würden. Und wenn du wüsstest, dass da nichts zum Kochen ist, nichts, was man den Kindern geben kann? Schwere Zeiten waren das, da gab es nichts im Überfluss. Vielleicht, wenn da Polen begraben gewesen wären, da wären die Leute anders damit umgegangen. Das wurde einem ja eingetrichtert: die *Jüdchen* dies und die *Jüdchen* das."

Reich wurde Roman an den Schürfplätzen nicht, und durch den Handel im Übrigen auch nicht. Er starb arm. Sein zweiter Sohn, Mareks Onkel, hatte mit dem Geld, das er mit den „*Jüdchen*" gemacht hatte (auch er kam ins Gefängnis dafür), nicht lange Spaß, denn er starb in jungen Jahren an Leberkrebs. Er vertrank sogar den Anhänger mit dem Brillanten, mit dem er vor dem Nachbarn angegeben hatte.

Noch Mitte der 1980er-Jahre durchsuchte die Miliz ihr Haus in Żłobek. Sie suchten Gold aus dem Lager. Sie verhörten den Vater von Marek.

„Sie kamen zu uns und versuchten, meinen Mann zu überzeugen, dass er die Leute verriet, die ins Lager gingen. Das wollten sie wissen", sagt die Ehefrau.

Marek: „Manchmal kamen zu meinem Vater Bekannte aus Lublin zu Besuch. Sie wollten ihn überreden, mit ihnen zu gehen. Er aber wollte für nichts in der Welt. Er sagte, er habe seine Pferde, und das reiche ihm. Ängstlich war er, genau wie ich."

Sommer 2018

Sie war 14 Jahre alt, als sie umkam. Etwas von ihr blieb erhalten. Dieses Etwas von Karolina Cohn hat eine Länge von 29 Millimetern, eine Breite von 24 Millimetern und ist hergestellt aus Silber. Es ist ein Anhänger; die Archäologen fanden ihn in der Erde. Auf ihm steht das Geburtsdatum 3. 7. 1929, die Ortsangabe

„Frankfurt a. M." und noch auf Hebräisch „mazzal tow" eingeritzt. Der Anhänger ist nämlich ein Amulett, und derjenigen, die es trug, sollte es Glück bringen.

Journalisten fanden heraus, dass Karolina Cohn das Amulett in der Schule in Frankfurt bekam, in die sie gegangen war. Ein ähnliches hatten auch andere Schülerinnen dieser Stadt, unter anderem Anne Frank.[14]

Das Amulett fiel zwischen die Bohlen des Bodens der Baracke, in der den Frauen die Haare abgeschnitten wurden und in der sie sich danach nackt ausziehen mussten, bevor sie in die Gaskammern getrieben wurden. Er lag dort seit September 1943 in der Erde. Die Archäologen fanden es im Herbst 2016, als sie auf dem Gelände arbeiteten. Zur gleichen Zeit suchte ich das erste Mal mit Marek am Fluss nach Knochen.

Der nächste Platz an der Tarasieńka. Marek hatte sich ein bisschen umgehört, und Leute hatten ihm erzählt, wo er suchen könnte. Wir machen uns auf den Weg. Unterwegs erzähle ich ihm von dem Mädchen aus Frankfurt, von dem Amulett, das Glück bringen sollte, und auch, wann es gefunden worden war.

„Ein interessanter Zufallsfund", so bemerke ich.

Höflich stimmt er zu.

„Besteht theoretisch die Möglichkeit, dass dein Großvater die Knochen dieses Mädchens an den Fluss geschafft und dort gewaschen hat?", frage ich.

„Ich nehme an, dass dies sehr gut sein kann. Aber das ist mir egal. Ich habe das nicht gemacht. Und auf jeden Fall war das nicht in Ordnung. Ich weiß aber gleichzeitig nicht, wie ich mich damals verhalten hätte, so wie du das auch nicht wissen kannst."

14 Siehe Barbara Goldberg, Karolinas Amulett, in: Jüdische Allgemeine, 27. 11. 2017, https://www.juedische-allgemeine.de/gemeinden/karolinas-amulett/ [15. 6. 2022].

Wir finden keine Knochen an der Tarasieńka. Vielleicht ist seitdem einfach schon zu viel Zeit vergangen.

Das deutlichste Zeichen der Schürfplätze im Leben Mareks ist, dass sein Bruder nicht mehr da ist. Der Fluch, der auf den Nachkommen liegt.

Auf der Rückseite des Anhängers von Karolina Cohn befindet sich der hebräische Buchstabe „He", „HaSchem", also die Bezeichnung für Gott.

Sommer 2018. Źłobek

Ich stehe am Fluss. Das Ufer ist dicht bewachsen. Der Weg ist kaum zu erkennen. Um zu dem Platz zu gelangen, muss man sich durch hohes Schilf kämpfen. Die Sonne steht immer niedriger, der Abend rückt näher. Das Rauschen des Flusses, das Rauschen des Windes, die ganze Gegend wogt.

Zwei Stunden früher.

„Vielleicht ein Käffchen?" Kazimierz lädt mich in seinen Garten ein. In Żłobek hat er eine Unterkunft für Ferien auf dem Bauernhof. Im Dorf verbringt er mehrere Monate im Jahr. Hier ist er aufgewachsen, hier wohnten seine Eltern.

Kazimierz weiß eine Menge über Schuld und Strafe, über Rechtfertigung, Rationalisierung, Rehabilitation, Resozialisation. Und über die Sünde im Übrigen ebenfalls. Ein Vierteljahrhundert hat er im Strafvollzug gearbeitet. Und es fügte sich so, dass er auch die Grabräuber, die im Jahr 1985 in Haft kamen, bewachte. Er könnte viel darüber sagen, aber er sagt es nicht, denn er unterliegt immer noch der Geheimhaltungspflicht seines Berufs. Sicher ist jedenfalls, dass sie nicht alleine handelten.

„Und den Rest können Sie sich selbst denken."

Also aus dienstlichen Gründen kann er nichts über die Goldsucher aus Lublin erzählen, aber über seinen Vater vielleicht schon? Im Februar 1960 sollte er im Auftrag der Forstbeamten

Holz für die Umzäunung vorbereiten. Die Polizisten nahmen ihn in einer tiefen Grube fest. Er hatte sie nicht bemerkt, so sehr war er beschäftigt.

Er kam in den Knast.

„Sie können im Gefängnis fragen, wen Sie wollen: Sogar derjenige, der dreimal lebenslänglich bekommen hat, wird behaupten, er sei unschuldig. Von Vater habe ich jedoch niemals gehört, er sei ungerechtfertigterweise in Haft gekommen. Sie haben ihn schließlich auf frischer Tat ertappt. Ich erzähle es kurz. Sie gingen in Gruppen. Armut gab es damals zu Hause nicht, Vater kam gut zurecht. Alleine wäre er nicht gegangen, aber wenn sich fünf zusammentaten, das war eine andere Sache. ‚Vielleicht sollte ich doch gehen?' Und ich könnte da noch viele andere benennen, die nicht festgenommen wurden und doch gegraben haben. Es gab sogar Leute aus anderen Wojewodschaften. Damals bekamen einige gesteckt, dass eine Razzia stattfinden sollte. Sie flüchteten, na, aber Vater ertappten sie. Ob mir das peinlich ist? In diesem Moment ist das auf jeden Fall peinlich, da sind doch schließlich Tausende Menschen umgekommen."

Kazimierz geht es auch um die Gerechtigkeit.

„Denn wen Sie auch fragen, alle sagen, dass Vater der König war, wenn es um die Grabräuber ging. Und die kamen schließlich noch in den 1980er-Jahren hierhin gefahren. Es tut mir weh, dass so über Vater gesprochen wird. Denn es haben doch alle gegraben."

Und dann ist da noch die Sache mit der Strafe.

„Hören Sie, ich kann vielleicht zu einem Prozent glauben, dass so ein Fluch besteht. Mein Bruder fuhr mit dem Motorrad. Ein besoffener Typ tötete ihn. Er hatte eine Beifahrerin dabei, nach dem Unfall wechselten sie die Plätze, sie setzte sich hinters Steuer. Es kam zu einem Prozess, sie wurde nicht bestraft. Na gut, ich stimme zu fünfzig Prozent zu, dass es so einen Fluch gibt. Ich bin fähig, so etwas zu glauben. Eine ältere Frau hat mir irgendwann einmal erzählt, dass sie sich schlecht verhalten habe und dass ihre Kinder und Enkel dafür büßen müssten. Über ihre Person habe ich gehört, dass sie den Deutschen Dienste angeboten hatte. Und es ist richtig, denke ich, sie hatte allen Grund dazu, sich vor etwas zu fürchten."

Aber wie ist es eigentlich möglich, dass die Leute so lange nach dem Krieg nicht in der Lage waren, zwischen Gut und Böse zu unterscheiden?

„Ich gebe eine kurze Antwort: Der Deutsche mordete in aller Öffentlichkeit, und das tat er bei uns. Und trotzdem sagen manche bis zum heutigen Tage: polnische Vernichtungslager. Wie kann man nur? Und selbst der amerikanische Präsident sagte so was. Und wie kann das ein Mensch mit Niveau sein, der so etwas von sich gibt? Sehen Sie das? Und warum ist Ihnen das nicht peinlich?"

Kazimierz war acht Jahre alt und ging mit seinen Freunden zu den Treffen zur Vorbereitung auf die Kommunion. Zu der Kapelle, über die „Stege", durch das Lager III. Unmittelbar davor, als auf dem Lagergelände ein erstes Denkmal aufgestellt wurde – gerade waren sie dabei, das Gelände in Ordnung zu bringen.

„Ich erinnere mich, dass da noch die Umrisse dieser Gasanstalt war, es gab noch die Fundamente. Die Ziegel waren an manchen Stellen noch sichtbar. An den Kiefern hing noch der Stacheldraht. Und Haufen von Knochen, ordentlich aufgeschüttet. Und dazwischen, zwischen den Knochen gab es eine Unmenge dieser kleinen …, dieser Quadrate."

Vor Kurzem sah er sie wieder. Am Fluss. Ein paar Monate zuvor hatte er sich mit Bekannten an die Tarasieńka aufgemacht.

„Das interessiert mich, denn wir haben hier Gemeindeland, zwanzig und ein paar zerquetschte Hektar Land. Die Biber bauen da Dämme, und der Fluss läuft uns über. Im Frühjahr bin ich mit ein paar Kumpeln dahin gegangen, um die Biberburg wegzumachen. Der jüngste Kumpel kannte sich mit dem Thema nicht aus. Das Ufer, der Sand gallengelb, und da sind auf einmal diese kleinen Quadrate, alles voll davon. Er schaut, und dann sagt der Kumpel, was ist das denn? Und ich gab zurück: menschliche Knochen.

Ich kann Sie dahin bringen. Haben Sie vielleicht zufällig einen kleinen Spaten dabei?"

Zwei Kilometer hinter dem Dorf. Heute ist hier das Naturschutzgebiet Żółwiowe Błota (Schildkrötensumpf). Ein schmaler, verwachsener Pfad, es fällt schwer, dort voranzukommen. Ein paar Hundert Meter weiter ein Platz am Ufer, die Biberburg. Gelber Sand ist hier nicht zu sehen, überall wächst Schilf, aber Kazimierz ist sich sicher, dass dies der Ort ist. Man muss nur das Schilf entfernen und mit der Hand ein wenig die Erde wegmachen.

Etwas drückt mir die Kehle zu.

In der Hand halte ich ein weißliches Bruchstück.

Und einen Moment später das nächste Knochenstück.

„Oh, sehen Sie jetzt, wie ich es gefunden habe?" Kazimierz triumphiert. „Ich habe Ihnen da keinen Schmarren erzählt. Sehen Sie, er ist ganz verbrannt."

Herbst 2018. Warschau

Der Professor will die Havers-Kanäle aufmachen. In ihrem Inneren befinden sich die Blutgefäße. Zunächst jedoch muss der Knochen dem Polymerisationsprozess in Styrol ausgesetzt werden. Das härtet ihn, und dann kann ein Stück abgeschliffen werden, ohne das Risiko einzugehen, das er auseinanderfällt. Danach kann es unter dem Mikroskop betrachtet werden. Erst nachdem der Durchschnitt und die Anzahl der Kanäle unter dem Mikroskop bewertet wurden, kann die Frage beantwortet werden, ob die Knochen, die an dem Fluss gefunden wurden, menschliche sind oder nicht.

Es gibt achtzehn Teile. Das längste ist 25 Millimeter lang, das kürzeste acht. Ich bringe sie nach Warschau zu Prof. Bronisław Młodziejowski, einem anerkannten Anthropologen und Autor eines Handbuchs zur gerichtsmedizinischen Osteologie.

Zuvor jedoch erzähle ich Filip Szczepański von der Rabbinatskomission für Friedhofsangelegenheiten im Büro des Oberrabbiners von Polen von dem, was ich gefunden habe. Den jüdischen Vorschriften zufolge dürfen begrabene menschliche Überreste nicht fortbewegt werden. So lautet die Tradition, die bereits Dutzende Jahrhunderte alt ist. Eine Ausnahme bildet der Fall, wenn sie der Vernichtung ausgesetzt werden könnten. Der Platz am Ufer des Flusses im Naturschutzgebiet wird regelmäßig überflutet. Es war also gut, dass die Knochen von dort weggeholt wurden, so teilt mir Szczepański mit. Und gibt seine Einwilligung, dass sie, bevor ich sie der Kommission übergebe, von einem Anthropologen angeschaut werden.

Professor Młodziejowski schlägt vor, Proben für das Labor zu nehmen. Die Stücke sind zu klein, als dass man sie ohne eine genauere Untersuchung bewerten könnte. Szczepański, den ich während meines Aufenthalts anrufe, bittet uns, auf keinen Fall in die Knochenstruktur einzugreifen. Auch wenn nicht mit Sicherheit gesagt werden könne, dass es sich um menschliche Knochen handle, würde doch eine solche Möglichkeit bestehen. Und deswegen bestehe auch die Gefahr, menschliche Überreste auf diese Weise zu entweihen. Professor Młodziejowski nimmt also keine Proben. Aus Respekt.

Und das ist es, was er lediglich auf Basis des Sichanschauens sagen kann.

„Das sind verbrannte Knochen – lange, flache und verschiedener Formen, die zu einem bedeutendem Maße zersetzt sind.

Deswegen besteht keinerlei Möglichkeit festzustellen, welcher spezifischen Herkunft sie sind", sagt er. „Sie können von einem Kaninchen sein, von einem Hund, einer Katze. Ich bitte Sie jedoch, sich dieses Stück anzuschauen. Knochen ähnlichen anatomischen Aufbaus kommen im Knochenbau des Brustkorbs des Menschen vor. Jedoch bei einem nicht ausgewachsenen Individuum. Einem Kind."

8. Oktober 2018. Sobibór

Die Lichtung, an dem sich einmal das Lager III befunden hat. Rabbiner Yehoshua Ellis begräbt menschliche Überreste. Er spricht das El Male Rachamin[15]. Und auch noch den Davidpsalm.

„Und ob ich schon wanderte im finstern Tal,
fürchte ich kein Unglück;
denn Du bist bei mir".

***

Im Laufe ihrer Arbeit auf dem Gelände des ehemaligen Vernichtungslagers Sobibór fanden die Archäologen Tausende von Gegenständen, die den Opfern gehört hatten.

Darunter sind:
ein Brillenetui aus Kunststoff in brauner Farbe
ein Füllfederhalter
eine Puderdose mit eingravierter Rose
ein paar Manschettenknöpfe, hergestellt aus niederländischen Münzen
ein Lockenwickler aus zwei eisernen Stäben
ein goldener Ohrring mit Diamant
ein Kamm zum Aufstecken von Haaren

15 Das sind die Anfangsworte eines jüdischen Gebetes, das bei Bestattungen, am Todestag eines Verstorbenen, beim Besuch der Gräber von Angehörigen sowie am Jom haScho'a, dem israelischen Holocaust-Gedenktag, zum Gedenken an die Opfer vorgetragen wird. Anm. d. Übers.

ein silberner Anhänger in der Form eines Davidsterns
eine Zahnbürste aus Rosshaar
eine Beinprothese aus Metall
ein Fläschchen für Blumenparfum
eine Verpackung für Schmerztabletten Saridon
ein Messingsieb zum Teekochen
ein Bleistift
ein Theaterglas
ein Schuhanzieher
ein Rasierer
eine halbe Spielkarte, Herzbube
ein Fingerhut
ein silberner Deckel eines Zigarettenetuis mit dem Monogramm „AS“
Schminke
ein Bund von sechs stählernen Schlüsseln an einem Ring
eine Erinnerungsplakette aus dem Riesengebirge
zwei Trauringe aus vergoldetem Messing, einer größer, der andere kleiner
eine Brosche in der Form von Micky Maus.

Zur Geschichte einer umstrittenen Fotografie

Ich hatte vor, Leute zu beschreiben, die nach dem Krieg das Gelände der ehemaligen Vernichtungslager aufwühlten. Mich interessierten Bełżec und Sobibór. Ich fand keine Berichte, die diese beiden Orte betrafen, und gleichzeitig ließen Texte, die Historiker veröffentlicht hatten, keinen Zweifel daran, dass das Wühlen in den Gräbern auch dort stattgefunden hatte. In Bełżec und Sobibór und in der dritten riesigen Todesfabrik, in Treblinka, hatten die Nazis im Laufe von etwa einem Dutzend Monaten im Rahmen der „Aktion Reinhardt" rund anderthalb Millionen Juden ermordet. In erster Linie waren dies polnische Bürger.[1]

Von Anfang an hatte ich nicht geplant, über Treblinka zu schreiben, obwohl es das Lager war, dass die meisten Opfer verschlungen hatte.[2] Über die Friedhofshyänen, die jahrelang in

1 Die „Aktion Reinhard" fand von Mitte März 1942 bis Anfang November 1943 statt. Dabei kam der größte Teil der Juden aus dem Generalgouvernement um. Dieses war ein Teil Vorkriegspolens, den die Deutschen besetzt hatten. Die „Aktion Reinhard" begann mit der Deportation der Juden aus Lublin und weiteren Ortschaften der Lubliner Region in das Vernichtungslager Belzec und wurde mit der Erschießung von 42 000 jüdischen Gefangenen beendet, die in den Arbeitslagern Poniatowa, Trawniki und dem Konzentrationslager Majdanek verblieben waren.

2 Die Mindestanzahl von Opfern des Vernichtungslagers Treblinka, die in der historischen Forschung heute angegeben wird, liegt bei 780 000 bis 800 000. In Bełżec wurden mindestens 434 000 Menschen ermordet und in Sobibór zwischen 170 000 und 180 000.

diesem Massengrab wühlten, waren bereits viele Texte entstanden. Dies geschah besonders nach der Veröffentlichung des Buchs *Goldene Ernte* von Jan Tomasz Gross und Irena Grudzińska-Gross über die wirtschaftliche Ausbeutung der Opfer des Holocaust. Veröffentlicht im Jahr 2011, sorgte das Buch polenweit für Diskussionen und rief das Interesse von Journalisten hervor.

In diesen Debatten provozierte eine bestimmte Fotografie die wahrscheinlich größten Kontroversen. Sie soll der Anlass zum Schreiben des Buchs gewesen seien. Es ist eine Schwarz-Weiß-Aufnahme von schlechter Qualität, die eine Gruppe von über 40 Personen zeigt, die in der Mehrzahl zivil gekleidet sind, sowie rund zehn weitere Personen in Uniform. Zu ihren Füßen liegen gleichmäßig aufgereiht Totenköpfe und Schienbeine.

Jan Tomasz Gross und Irena Grudzińska-Gross schrieben: „Die Europäer, die wir auf dem Foto sehen, sind höchstwahrscheinlich dabei, die verbrannten menschlichen Überreste auszugraben, um Gold und Wertgegenstände zu suchen, die von den Nazimördern übersehen wurden. Eine mühselige Aufgabe, denn auf Anweisung der Täter wurde den jüdischen Leichen peinlich genau in alle Körperöffnungen geschaut und die Goldzähne ausgerissen."

***

Das Foto wurde erstmals im Januar 2008 in einer Reportage von Piotr Głuchowski und Marcin Kowalski im „Duży Format", einer Reporterbeilage der „Gazeta Wyborcza", veröffentlicht. Im Text ging es um die Hyänen aus Treblinka: dass das Lager jahrelang aufgewühlt wurde, dass neben lokalen Anwohnern auch sowjetische Soldaten daran beteiligt gewesen waren und Sprengstoff eingesetzt hatten. Die Fotografie erhielten die Journalisten von Tadeusz Kiryluk, der viele Jahre lang Angestellter des Museums war, das sich auf dem Gelände des ehemaligen Lagers befunden hatte. Er hatte ihnen auch erzählt, dass auf dem Foto

Grabräuber zu sehen sind, die von der Miliz bei einem Einsatz direkt nach dem Krieg festgehalten worden waren (die Reporter schrieben in ihrem Text, dass die Festnahme von der Armee vorgenommen worden war).

Ob die Fotografie tatsächlich Grabräuber zeigt? Im Januar 2011 schrieben die Journalisten der „Rzeczpospolita" Michał Majewski und Paweł Reszka (es handelt sich um einen anderen Journalisten als den Autor dieses Buchs) unter anderem, dass die Fotografie doch auch Bewohner der Gegend darstellen könnte, die die menschlichen Überreste der Opfer des Straflagers Treblinka I (das sich neben dem Vernichtungslager Treblinka II befunden hatte) bargen, die dort nicht abgesichert herumlagen. So hatte es ihnen wiederum Tadeusz Kiryluk erzählt. Die Journalisten schlossen ebenfalls nicht aus, dass das Foto Soldaten der Roten Armee bei Exhumierungsarbeiten zeigt, denn derartige Arbeiten fanden im Jahr 1949 statt. Und dass die bewaffneten Personen, die bei den Zivilisten stehen, Polizisten sind, die sie bei der Arbeit unterstützen. Wenn es tatsächlich so ist, wäre die Darstellung von Personen, die für eine angemessene Beerdigung sorgen, seien es Opfer des Lagers oder gefallene Soldaten, als Hyänen ein ungeheuerliches Unrecht.

***

Auf der Suche nach Dokumenten über die Prozesse gegen die Grabräuber in Bełżec und Sobibór stieß ich im digitalen Archiv des Instituts für das Nationale Gedenken (IPN) auf eine frappierende Beschriftung, die dort bei einer der Fotografien war. Sie befindet sich in der Materialiensammlung, die einmal von der Kommandantur der Wojewodschaftsmiliz in Danzig (Gdańsk) genutzt worden war, um Jahresausstellungen vorzubereiteten. Sie enthält Propagandaschriften, Flugblätter, Tafeln, die die fertiggestellte Ausstellung zeigen, aber auch Fotografien von Feierlichkeiten und solche aus dem historischen Kontext.

Fotografie, die Reporter der „Gazeta Wyborcza“ von Tadeusz Kiryluk bekamen, dem langjährigen Mitarbeiter des Museums des Kampfes und des Martyriums in Treblinka.

Im digitalen Archiv des IPN ist dieses Material seit Januar 2012 einsehbar.

Die Bildunterschrift, die Angestellte des Instituts angefertigt hatten, informierte darüber, dass das Foto „Bewohner der Umgebung von Treblinka zeigt, die aufgegriffen wurden, als sie die Gräber der Gefangenen des Konzentrationslagers offenlegten“. Die Eindeutigkeit des Textes brachte mich zum Nachdenken, und ich bestellte die gesamte Akte. Die Originale werden im IPN in Danzig aufbewahrt, ich bekam eine digitale Kopie.

Ich dachte, ich würde ein Foto sehen, dass bereits gut bekannt ist, aber ich täuschte mich. Die Fotografie ist in einer bedeutend besseren Qualität als jene, die seit 2008 veröffentlicht wurde. Auf ihr sind dieselben Leute zu erkennen wie auf der ersten, allerdings nur diejenigen in Zivil, so als ob die uniformierten

Fotografie aus dem Archiv des IPN.
Auf der Rückseite befinden sich die Angaben darüber,
wer dort abgebildet ist.

Nr. arch 8

IPN Gd 05/147/2
st. sygn. 66

IPN Gd 05/147/127

Rozkopywacze grobów Treblinki
zebrani przed szczątkami ofiar
obławy.

262 z 446

Personen sich für einen Moment entfernt hätten. Es gibt keinerlei Zweifel. Es ist ein anderer Abzug desselben Films. Auf der Rückseite des Fotos ist die wahrscheinlich originale Beschriftung, ausgeführt mit einem Kugelschreiber oder einem Füller: „Grabräuber in Treblinka versammelt vor Überresten der Opfer am Tag der Razzia".

Daraus folgt, dass das Foto Hyänen aus Treblinka zeigt und dass es eventuell auf den Jahresausstellungen der Miliz gezeigt wurde. Und, dass es von den Polizisten selbst aufgenommen worden war. Aber welchem Zufall ist es zu verdanken, dass es sich in Danzig befindet?

Auf der Rückseite des Fotos gibt es neben der Beschriftung die Grabräuber betreffend des Weiteren den Vermerk: „Büro C". Dies war das Archiv der Staatssicherheit. Im Innenministerium bestand es unter diesem Namen seit dem Jahr 1960. Hier befanden sich verschiedene Aktenschränke und Inventare, es wurden operatives Material zusammengetragen sowie Akten, darunter auch solche, die historische Bedeutung haben könnten. In der Akte aus Danzig, die das Foto der Grabräuber enthält, tragen auch noch andere Fotografien den Vermerk „Büro C". Sie zeigen Marceli Nowotko[3] oder Häftlinge aus dem Warschauer Pawiak-Gefängnis, die im Oktober 1942 im Stadtteil Rembertów aufgehängt worden waren. Es sieht also so aus, als wären die Grabräuber aus Treblinka in einem Paket mit anderen Fotografien von historischer Bedeutung von der Zentrale übermittelt worden.

Das älteste Foto in der Sammlung wurde im Jahr 1939 gemacht, das neueste im Jahr 1974. Ob die Bauern aus der Umgebung von Treblinka tatsächlich auf Sonderausstellungen

3 Marceli Nowotko war ein kommunistischer Aktivist. Auf sein Betreiben wurde im Januar 1942 die Polnische Arbeiterpartei (PPR) gegründet, und auch an der Gründung der *Gwardia Ludowa* (Volksgarde) war er beteiligt. Er wurde 1942 unter ungeklärten Umständen ermordet. Anm. d. Übers.

der Miliz präsentiert wurden? In einer anderen Akte aus Danzig befindet sich das Skript der Ausstellung „25 Jahre im Dienst an der Nation", die im Jahr 1969 in der Danziger Bürgermiliz gezeigt wurde (ähnliche Ausstellungen wurden in den Kommissariaten des ganzen Landes gezeigt). Aufgenommen ist hier das Foto, dass die Exekution in Rembertów darstellt (auf der Tafel, die „das Leiden des polnischen Volks" präsentiert), sowie das mit Nowotko, das ihn in einer Gruppe mit weiteren Anführern der kommunistischen PPR zeigt. Von den Grabräubern gibt es hier allerdings keine Spur. Die Ausstellung im Jahr 1969 bereitete Oberstleutnant Mieczysław Kucybała vor, der damalige Leiter der Abteilung „C" im Wojewodschaftskomitee der Bürgermiliz, sowie Hauptmann Włodzimierz Kopczuk. Es gelang mir nicht, mit einem Familienangehörigen des Erstgenannten zu sprechen; und Letzterer starb, wie ich von seiner Schwiegertochter erfuhr, im Jahr 2000 in Warschau.

Materialien zu Sonderausstellungen schaute ich mir auch im IPN Warschau an. Ebenso die Sammlungen von Fotografien und Alben von Funktionären der Bürgermiliz und der Staatssicherheit in den frühen Jahren der Nachkriegszeit. Ohne Ergebnisse. Ich konnte hier keine Spur der Fotografie aus Treblinka finden.

***

Wenn aber das Foto von einer besseren Qualität ist, vielleicht ist es ja möglich herauszufinden, wer konkret dort abgebildet ist? Aber wo soll man danach suchen? Nach Aussage der Quellen haben in Treblinka Leute aus der ganzen Umgebung, aus vielen Dörfern gegraben.

In den vom Institut des Nationalen Gedenkens (IPN) aufbewahrten Unterlagen über die Kreisbehörde der Öffentlichen Sicherheit in Sokołów Podlaski, in deren Zuständigkeit auch das Gelände des ehemaligen Vernichtungslager fiel, ist ein interessantes Dokument überliefert. Es ist die Meldung eines Mitarbeiters aus dem Januar 1946, die unterschrieben ist mit „Demokrat“. In ihm werden Leuten erwähnt, die in Treblinka graben, es werden Namen genannt sowie Ortsbezeichnungen.[4]

Unter den aufgezählten Hyänen war Stanisław K., Spitzname „Hecht“ (Szczupak), aus dem Dorf Maliszewa Nowa, das in direkter Linie vier Kilometer vom Lager entfernt liegt. Der „Hecht“ wurde beim Graben zusammen mit seinem Nachbarn, Spitzname „Pietrek“, von Beamten der Staatssicherheit festgenommen. Ihnen wurde die Kleidung abgenommen, und sie wurden nackt durch ein Dorf direkt neben dem Lager getrieben.

Ich fuhr nach Maliszewa Nowa. Im Dorf lebt der Enkel vom „Hecht“, Wiesław K., der auf die siebzig zugeht. Gearbeitet hatte er in einem Stahlwerk, er besitzt ein wenig Land, wohnt allein, die Ehefrau ist gestorben.

„Wenn es in diesem Dokument um einen ‚Hecht‘ geht, dann ist hier auf jeden Fall mein Großvater gemeint. Einen anderen gab es nicht, nur er hatte den Vornamen Władysław“, erklärte er mir.

Ich zeigte ihm das Foto aus dem IPN, er konnte jedoch niemanden auf dem Foto erkennen. Dennoch konnte ich mich des Eindrucks nicht erwehren, dass er einem der Grabräuber auf dem Foto sehr ähnlich sah. Ein dichter Schnurrbart, ein eher schmales Gesicht. Wiesław K. konnte mir jedoch nicht helfen, er war seinem Großvater nie begegnet, denn dieser starb ein Jahr vor seiner Geburt. Über seinen Großvater wusste er nur so viel, dass er ein Töpfer war, dass er einen Schnurrbart hatte und nicht besonders groß gewachsen war. Fotos hatte er keine.

Die Geschichte des Grabens nach Gold erinnerte Wiesław K. aus seiner Kindheit.

4 Das Dokument fand die Historikerin Martyna Rusiniak-Karwat im Archiv des IPN.

„Als ich ein kleiner Junge war, erzählte mir mein Vater nicht besonders viel“, berichtete er mir. „Nur wenn sein Bruder zu Besuch kam, wenn sie tranken, dann hörte ich, welche unkontrollierten Zustände hier nach dem Krieg herrschten. Das übersteigt das menschliche Fassungsvermögen, wie die Leute da gruben und suchten. Und sich dazu noch gegenseitig beraubten. Unsere sind da in ein anderes Dorf gegangen, und die von dort kamen hierher. Und dieser Onkel erzählte, wie diese Arschlöcher einmal ankamen und seine Schwester, also meine Tante, einen Topf voller Gold hatte; sie setzten sie mit ihrem Po auf den Kamin, auf den Herd meine ich, und sagten: ‚Gib es her, du Nutte‘, und was sollte sie da tun? Sie gab es ihnen.“

Die Meldung des „Demokraten“ geht auch auf die gesellschaftlichen Verhältnisse ein, die damals in der Gegend herrschten.

„Es kam vor, dass ärmere Frauen losgingen, um Gold auszugraben, und dann kamen reiche und stärkere Männer, die ihnen die ausgegrabenen Wertgegenstände mit Gewalt abnahmen.“

In dem Dokument ist auch die Rede von Abgaben, die den Grabräubern von den „Banden“ auferlegt wurden. Hier geht es wohl um Abteilungen des antikommunistischen Untergrunds. Der „Demokrat“ bemerkt, dass der „Hecht“ bei einer dieser Aktionen gehörig zusammengeschlagen worden war.

„Davon weiß ich nichts“, stellt sein Enkel fest. „Einmal aber haben sie Vater in den Kartoffelkeller geschmissen und diesen mit einem Tisch verbarrikadiert, sodass er nicht mehr herauskam. Und irgendwie kommt es mir so vor, dass ich gehört habe, dass die Staatssicherheit Großvater einmal aufgegriffen und nackt durch die Gegend getrieben hat.“

Der „Hecht“ starb im Jahr 1949 in der Nähe von Allenstein (Olsztyn). Zuvor hatte er seinen Namen gewechselt. Weggegangen ist auch seine Schwester, die sie wegen des Golds auf dem Ofen brieten. Wiesław K. riet mir, noch mit seinem Nachbarn zu sprechen. Tadeusz K., Jahrgang 1925, ebenfalls ein Hüttenarbeiter in Rente, verfüge noch über ein ordentliches Gedächtnis. Und so war es. Ich zeigte ihm das Foto und fragte nach der Person mit dem charakteristischen Schnurrbart.

„Ja“, so erklärte er. „Ich erkenne ihn. Das ist der alte ‚Hecht‘, ich war öfter bei denen zu Hause. Er ist ihm sehr ähnlich. Einmal schnappte ihn die Staatssicherheit beim Graben, allerdings nicht nur ihn, da waren noch mehr dabei. Sie zogen sie nackt aus und jagten sie durch Wólka. Die Leute lachten danach darüber. Ich erinnere mich, dass ich erzählt bekommen habe, dass unter den Festgenommenen so ein dicker, großer Mann war, aus Maliszewa Stara, und dass der auf einmal anfing zu heulen, weil er nicht wusste, was nun mit ihm passiert, und der von der Staatssicherheit meinte zu ihm: ‚Und was, du Ochse, blöckst du jetzt rum?‘“

Am Ende des Krieges wurde Maliszewa niedergebrannt. Um irgendwie durchzuhalten, gruben die Leute Kartoffeln aus, erzählte mir Tadeusz K. noch. Er wohnte mit seiner Familie im Kuhstall. „Wer Zeit hatte, der ging nach Treblinka. Ich hatte die aber nicht, denn ich hatte Arbeit auf dem Feld.“

Die Tochter von Tadeusz K. versicherte mir, dass ihr Vater keine Probleme mit dem Gedächtnis hat. „Und wenn er sagt, dass er jemanden auf einem Foto erkennt, dann ist das auch so.“

„Aber sind Sie sich denn sicher, dass das hier der ‚Hecht‘ ist?“, fragte ich Tadeusz K.

„Das bin ich“, antwortete er.

„Und das zu wie viel Prozent?“

„Zu fünfzig.“

Ich kehrte zu Wiesław K. zurück. Er willigte ein, dass ich ein paar Fotos von ihm machte. Ich schickte sie Prof. Bronisław Młodziejowski, dem Anthropologen. Ich fügte auch die Fotografie des IPN hinzu und bat ihn, die Frage zu beantworten, ob der Enkel vom „Hecht“ und einer der Grabräuber auf dem Archivfoto miteinander verwandt sein könnten.

Der Professor schrieb zurück: „Bereits die einleitende morphologische Analyse weist auf große Unterschiede zwischen den beiden Männern hin. Im Besonderen betrifft dies den Bereich des Jochbeins, die Nasenform, die Form des Unterkiefers und der Ohrmuschel. Es ist auszuschließen, dass eine Verwandtschaft zwischen den beiden besteht. Obwohl erst eine genetische Untersuchung diese Fragestellung eindeutig klären könnte.“

***

Ob das Foto der Grabräuber aus Treblinka wirklich so bedeutsam ist? Es gibt Dokumente und journalistische Texte aus jener Zeit, die beweisen, in welchem Ausmaß das Lager nach dem Krieg über viele Jahre geplündert wurde. Sie sind bekannt und wurden zitiert.

Im Zwangsarbeitslager Treblinka I verlor Zdzisław Samoraj seinen Bruder. Im Herbst 1946 fuhr er dorthin und sah, in welchem Zustand sich das Gelände des ehemaligen Vernichtungslagers befand. Er verfasste daraufhin einen schockierenden Bericht für den „Robotnik“, eine Zeitschrift der Polnischen Sozialistischen Partei PPS:

„Auf dem Weg kommen wir an ein paar Frauen vorbei, die mit Schaufeln in Richtung Lager gehen. Am Anfang dachte ich, sie würden dahin gehen, um die Gräber in Ordnung zu bringen, ich war jedoch schockiert, als ich die Wahrheit sah, die man als Absturz auf das Niveau von Hyänen bezeichnen kann. Der Waldstreifen endet, wir nähern uns dem jüdischen Lager, das anderthalb Kilometer von dem polnischen entfernt ist. Zwischen den Bäumen sind kleinere Hügel zu sehen, die, was für ein Gräuel, bedeckt sind mit Dutzenden von grabenden Leuten, die die Asche und die Überreste menschlicher Leichen durchwühlen. Es sind Leute aus den Dörfern, die wenige Kilometer entfernt sind. Zwischen ihnen sind Kinder zu sehen im Alter von 14 bis 18 Jahren, die ihren Eltern bei dem Auseinandernehmen der Gräber helfen. Sie haben nur den einen Gedanken, Gold zu finden […].“[5] Samoraj sah die aufgewühlten Gräber der Opfer des Lagers Treblinka I.

Die Miliz organisierte Razzien, sie nahm Dutzende Personen fest, in den Archivmaterialien findet sich sogar die Information über den Einsatz von achtzehn Minen gegen die Gräber (drei Todesopfer). Martyna Rusiniak-Karwat, die das Phänomen als Erste erforschte, schreibt, dass das Plündern des ehemaligen Lagers andauerte, bis ein Denkmal-Mausoleum am Ort des Vernichtungslagers errichtet wurde.

Das war im Jahr 1964.

5 Der Text von Zdzisław Samoraj wurde 2011 in der Artikelsammlung „Um die ‚Goldene Ernte‘“ publiziert. Daraus ist das Zitat entnommen.

Interview mit Paweł Piotr Reszka

Wann haben Sie zum ersten Mal von den „Schürfplätzen" gehört?
Das erste Mal habe ich vom Aufwühlen der Gelände der ehemaligen Vernichtungslager im Jahr 2006 gehört. Erzählt hatte mir Robert Kuwałek davon, ein Historiker, Mitarbeiter des Staatlichen Museums Majdanek und Organisator der Gedenkstätte und des Museums in Bełżec. Ich schrieb damals eine Reportage über Polen, die unter der deutschen Besatzung Juden versteckt gehalten und danach viele Jahre lang Angst davor hatten, dies zuzugeben. Robert Kuwałek war mein historischer Berater. Auf einem Treffen ließ er eine Bemerkung fallen über die Suche nach dem Gold von menschlichen Zähnen in den Massengräbern der Opfer des Judenmords in Bełżec. Die Täter waren Bewohner der umliegenden Ortschaften gewesen. Ich war schockiert von der Information. Es war doch für niemanden aus der Gegend ein Geheimnis gewesen, was sich hinter dem Stacheldraht abgespielt hatte, wo die Todesmaschinerie arbeitete.

Einmal hat mir ein Einwohner von Bełżec erzählt, dass, als die Verbrennung der Leichen von Opfern des Lagers andauerte, die Anwohner in der Umgebung von den Fensterscheiben ihrer Häuser menschliches Fett abkratzten, das sich darauf festsetzte. Der Gestank der verbrannten Körper war im Abstand von vielen Kilometern zu riechen. Die Anwohner sahen die Züge mit den Juden auf dem Weg in das Lager. Die Körper derjenigen, die versucht hatten zu flüchten, lagen an den Gleisen, die Anwohner hörten die Schreie, die Schüsse. Es fiel mir schwer zu glauben, dass sich direkt nachdem die Deutschen Bełżec verlassen hatten, Leute fanden, die dort nach Gold suchten.

Ich arbeitete damals in der Lubliner Niederlassung der „Gazeta Wyborcza", ich war Journalist, der sich in erster Linie mit den Neuigkeiten des Tages beschäftigte. Ich hatte nicht genügend Zeit zur Verfügung, um mich dem Thema mit der notwendigen Sorgfalt zu widmen. Historiker kannten zu diesem Zeitpunkt keine Dokumente, die das Graben in Bełżec thematisierten, die es erlaubt hätten, konkrete Personen zu identifizieren, Kontakt zu ihnen herzustellen, zu ihren Familien, zu einem Gespräch für eine Reportage, die aber zu einem großen Teil auf Gesprächen basiert hätte.

Mit den Gräbern beschäftigte ich mit viele Jahre danach, im Herbst 2015. Kurz davor war es mir gelungen, im Archiv des Instituts für Nationales Gedenken (IPN) Prozessakten zu finden zu den Gräbern in Bełżec und später auch in Sobibór. Sie waren zu dem Zeitpunkt noch nicht von Historikern bearbeitet worden. Als ich das Material in den Händen hielt, merkte ich, dass hier ein Text möglich wird, in dem ich über die Beweggründe der Goldgräber spreche, darüber, was sie wollten, dass ich ihnen aus heutiger Perspektive Fragen stelle zu ihren Schuldgefühlen und dem Bewusstsein über das, was sie taten. Es geht nicht darum, ihr Handeln zu beurteilen, sondern eher darum, den Versuch zu unternehmen zu verstehen, wie das überhaupt möglich war.

Einige Jahre zuvor war die öffentliche Meinung in Polen wie elektrisiert von dem Thema der Goldgräber in Treblinka. Es entstanden damals viele journalistische Texte dazu. Als ich sie las, fühlte ich jedoch, dass dies nicht reichte, ich wollte mehr erzählen über die Gräber selbst, ihnen eine Stimme geben.

Den Begriff „Schürfplätze“ und seine Bedeutung für die Sache erkannte ich erst, als ich in die Strafprozessakten gegen die Goldgräber in Sobibór aus dem Jahr 1960 schaute.

Wie haben Sie Ihre Gesprächspartner gefunden und wie sind Sie mit ihnen in Kontakt getreten?
Als ich die Strafprozessakten vom Ende der 1950er-Jahre hatte, machte ich mich auf den Weg, und zwar zuerst nach Bełżec. Leider war das Material, das ich auf den ersten Reisen sammelte, ziemlich gering. Die Beschuldigten waren damals fast alle Einwohner von Bełżec gewesen. Es gelang mir, mit einem Goldgräber zu sprechen. Er antwortete auf meine Fragen äußerst lapidar, und die Familien der anderen Beschuldigten hatten ebenfalls keine Lust, sich mit einem Journalisten zu treffen. Da entschied ich mich, einfach durch die Dörfer in der Umgebung von Bełżec zu fahren und ältere Bewohner zu fragen, an was sie sich aus den Nachkriegszeiten erinnern. Zu meiner Überraschung stellte sich heraus, dass viele nicht nur ein hervorragendes Erinnerungsvermögen hatten, sondern auch nur wenig Hemmungen, um mit einem Reporter zu sprechen. Es passierte oft, dass meine Gesprächspartner mir am Ende unseres Treffens andere empfahlen, ihre Nachbarn oder Bekannten.

Wie war die Reaktion Ihrer Gesprächspartner?
Die „Schürfplätze“ sind das Resultat von Gesprächen mit unzähligen Leuten. Es ist schwer in einem Satz zu sagen, wie ihre Reaktionen aussahen.

Wie ich bereits geschildert habe, begann ich meine Arbeit mit dem Versuch, die Goldgräber zu treffen, die Ende der 1950er- und Anfang der 1960er-Jahre verhaftet und in Strafprozessen verurteilt worden waren. Ich wollte auch mit ihren Familien sprechen. Die Gespräche waren sehr schwer. Viele meiner

Gesprächspartner versteckten sich hinter ihren Erinnerungslücken oder behaupteten einfach, dass sie nichts über die Sache wüssten.

In einer zweiten Etappe waren es die Reaktionen der Gesprächspartner, die nicht in Bełżec selbst, sondern in der Umgebung wohnten. Sie zitiere ich im ersten Teil des Buchs. Das sind Leute, die das Lager unmittelbar nach dem Krieg durchsuchten. Meines Wissens nach wurde damals niemand vor Gericht gestellt. Die Bürgermiliz vertrieb die Leute, wenn sie sie auf frischer Tat ertappten, dann nahm sie ihnen die Beute ab, und manchmal zwang man sie zu kleinen Arbeiten auf dem Gelände des Wachpostens. Während der Gespräche bemerkte ich keinerlei Hemmungen, über das Thema zu sprechen. Ich habe nie verborgen, wer ich bin und was mein Buch werden soll. Die Offenheit meiner Gesprächspartner und die Details ihrer Beschreibungen waren eine Überraschung für mich. Es kam vor, dass dem Gespräch mit älteren Personen, die sich an dem Graben beteiligt hatten oder sich sehr gut bei dem Thema auskannten, jüngere Verwandte zuhörten. Ich habe keine Situation vermerkt, in der sie versucht hätten, das Gespräch zu unterbrechen oder in den Inhalt einzugreifen. Es war im Gegenteil eher so, dass sie versuchten, das Gesagte zu ergänzen: „Erzähl doch auch noch das, Opa." Ganz offensichtlich fanden sie nicht, dass es sich um ein schamvolles oder kontroverses Thema handelt. Ich habe auch keine Zweifel daran, dass sich davor noch nie ein Journalist bei ihnen gemeldet hatte.

Ziemlich untypisch sah hingegen mein Treffen mit dem letzten noch lebenden Angehörigen der Gruppe aus, die Ende der 1950er- und Anfang der 1960er-Jahre Bełżec durchwühlt hatte. Er hatte dafür im Gefängnis gesessen. Vor Dutzenden von Jahren hatte er das Dorf seiner Familie verlassen und wohnt heute in Krakau. Ich musste ihn lange von einem Gespräch überzeugen, am Ende jedoch klappte es. Für das Treffen wählte er einen Spielplatz, unweit des Blocks im Viertel Nowa Huta, in dem er wohnt. Vor Ort erklärte er mir die Gründe seines Misstrauens. Er hatte Angst vor der Wut seiner Frau. Sie war sich nicht sicher, ob ich wirklich der war, für den ich mich ausgab. Die Frau befürchtete, dass ich unter dem Vorwand eines Gesprächs über die Vergangenheit dem Ehemann etwas verkaufen wollte, eine Dienstleistung oder Töpfe. In der Vergangenheit, so erklärte er, wurde er schon von Handelsvertretern hereingelegt. Auf jeden Fall wollte er mich nicht zu sich nach Hause einladen, warum die Ehefrau aufregen. Als er sich überzeugt hatte, dass ich tatsächlich ein Journalist war, verlief das Gespräch auf dem Kinderspielplatz glatt.

Wie offen waren die Gespräche?
Während meiner Arbeit an dem Buch habe ich nie erlebt, dass meine Gesprächspartner sich wünschten, dass ich etwas nicht weitergebe oder aufschreibe. Es kam vor, dass ich gebeten wurde, den Familiennamen nicht anzugeben oder den Vornamen zu ändern. Meistens passierte dies aufgrund der Angst der Interviewten um ihre Kinder, die manchmal in anderen Ortschaften wohnen. Meine Gesprächspartner wollten ihnen nicht schaden.

Es kam nie zu der Situation, dass einer, von dem ich wusste, dass er Informationen über das Graben hatte, sich weigerte, mit mir zu treffen oder mich während eines Treffens vor die Tür setzte.

Die Intensität der Gespräche unterschieden sich sehr. Mich überraschte die Offenheit vieler Gesprächspartner, vor allem der, die in der Gegend von Bełżec wohnten. Sie erzählten über das Graben ohne Angst zu haben, obwohl sie doch wussten, dass ihre Erzählungen in einem Buch veröffentlicht würden. Sie sprachen offen, ohne irgendwelche besonderen negativen Gefühle zu zeigen, so als würden sie sich irgendwelcher Abenteuer erinnern, die sie in ihrer Jugend erlebt hatten, etwas Wichtiges, etwas, dass es wert ist zu erzählen, es aufzuschreiben, aber nichts Traumatisches oder Schmerzhaftes.

Ich habe lange darüber nachgedacht, woher diese Offenheit kam und die geringe Angst, was geschehen wird, wenn der Text veröffentlicht ist. Am Ende musste ich erkennen, dass das Durchsuchen der Gelände der ehemaligen Lager für viele meiner Gesprächspartner nichts Schlechtes darstellte, dass es ein Geschehen war, das zumindest moralisch neutral war und gerechtfertigt durch verschiedene Umstände, über die sie sich auch ziemlich genau auslassen. Die meisten von ihnen lebten und wuchsen in direkter Nachbarschaft der Vernichtungslager auf. Das hatte mit Sicherheit Einfluss auf ihre Art, die Wirklichkeit wahrzunehmen. Ich denke, dass für viele von ihnen die Entmenschlichung der Opfer des Holocaust eine keinerlei Zweifel weckende Tatsache wurde.

Es gab auch emotionale Treffen, denn es gab auch Leute, die das verurteilten, was ihre Nachbarn getan hatten. Für mich als Journalisten war das Thema ebenfalls nicht gleichgültig. Nach einer Reihe von Treffen habe ich meine Arbeit unterbrochen, um irgendwie Distanz zu gewinnen. Ich habe auch langsam geschrieben, mit der Arbeit begann ich im Herbst 2015 und beendete sie im Herbst 2019. Ich sammelte viel Material, aber ich wollte, dass es ein dünnes Buch wird, denn ich fand, dass die Sachen, über die meine Gesprächspartner redeten, in einem kurzen Text besser zur Geltung kommen.

Gab es nach der Buchveröffentlichung Reaktionen von Ihren Gesprächspartnern bzw. deren Angehörigen?
Kein einziger meiner Gesprächspartner kontaktierte mich danach. Direkt nach Erscheinen des Buchs sprach ich mehrere

Male mit dem Gemeindevorsteher von Bełżec und habe ihn nach der Stimmung nach Erscheinen des Buchs gefragt. Er selbst taucht im Übrigen im Buch selbst auf, die Geschichte der Goldgräber kannte er aus den Erzählungen seiner Eltern. Der Gemeindevorsteher berichtete mir, dass die „Schürfplätze" eine gewisse Diskussion in Bełżec und Umgebung ausgelöst haben. Die Leute erinnerten sich an verschiedene Sachen, und es gab auch solche, aus der jüngeren Generation, die diese Geschichte schockierte. Sie hatten davor keine Ahnung davon gehabt.

Wie war die Reaktion in Polen auf Ihr Buch?
„Schürfplätze" wurde als Buch gut aufgenommen. Es wurde für die wichtigsten Literaturpreise nominiert, es befand sich im Finale des Literaturpreises Mitteleuropas „Angelus", des Literaturpreises „Gdynia" sowie des Literaturpreises „Nike", der als wichtigste Auszeichnung für Bücher in Polen gilt.

Die überwiegende Mehrheit der Rezensionen war positiv, obwohl es auch einzelne kritische Stimmen gab. Dem Buch wurde beispielsweise vorgeworfen, dass es nicht auf die Frage antwortet: Wie war das Ganze überhaupt möglich gewesen, es wird nicht in ausreichendem Maße gezeigt, wie vielschichtig die Situation in Polen nach dem Krieg war, und es kam vor, dass ein historisches Buch erwartet wurde, „Schürfplätze" aber doch eine Reportage ist.

Wie waren die Lesungen, die zum Buch stattfanden?
Das Interesse an dem Buch war sehr groß. Ich hatte viele Lesungen im ganzen Land, ich habe über „Schürfplätze" auf Literatur- und Journalistenfestivals gesprochen, wurde aber auch in kleine Kulturzentren oder Bibliotheken in der Provinz eingeladen. Das war für mich als Autor eine Quelle großer Zufriedenstellung und der Beweis dafür, dass wir über schwierige Themen

sprechen können. „Schürfplätze" ist eine Geschichte über Menschen, die aufgehört haben, welche zu sein und auch nach Dutzenden von Jahren noch immer keine sind. Sie bleiben Torf, Schlacke, eine goldhaltige Schicht. Es fällt schwer, darüber zu schreiben, und es ist auch schwer, darüber zu diskutieren. Das alles hatte seinen Einfluss auf die Atmosphäre bei den Lesungen. Sie waren für mich – und ich denke, auch für einen Teil der Gäste – ungemein ergreifend. Zu einer Lesung in Warschau kam eine Lehrerin aus der Gegend von Bełżec gefahren, und sie meinte, „Schürfplätze" hätten ihr den Mut gegeben, das Thema mit ihren Schülern zu besprechen. In Lublin auf einem Reportagefestival haben Gymnasialschüler das Gespräch über das Buch mit angehört, es waren insgesamt etwa vierzig Personen aus einer Schule, die Lehrer hatten sie dorthin gebracht. Es herrschte fast völlige Stille, ich antwortete auf die Fragen der Journalistin, die das Treffen moderierte. Ich sah in den Saal und sah die jungen Leute, wie sie zuhörten, niemand sprach, niemand schaute aufs Handy. Danach schrieb mir der Geschichtslehrer, der mit den Schülern da war, dass sie schockiert darüber waren, was sie gehört hatten, und ihn gefragt hätten, warum sie nichts über solche Sachen im Unterricht lernen würden. Und sie wollten „Schürfplätze" lesen. Der Verlag Agora, der mein Buch herausgebracht hatte, bot ihnen E-Books gratis an.

Auf den Treffen wurde ich oft nach der Arbeitsmethode gefragt und danach, wie ich die Zeugen gefunden habe, immer wieder kam aber auch die Frage auf, welchen Einfluss die Arbeit an den „Schürfplätzen" auf mich gehabt hatte, ob es einen Preis gegeben hatte, den ich zahlen musste, da ich mich mit dem Thema befasst hatte.

Nach dem Erscheinen der Reportage wurde ich niemals wieder in die Gegend von Sobibór oder von Bełżec eingeladen. Unmittelbar vor der Publikation hatte ich eine Lesung in

Włodawa, einem Städtchen, das direkt neben Sobibór liegt. Es ging um mein vorheriges Buch „Diabeł i tabliczka czekolady" [Der Teufel und die Tafel Schokolade] und fand in der Stadtbibliothek statt. Eingeladen war ich von dem Leseklub der Häftlinge der nahe gelegenen Strafanstalt, auf das Treffen kam jedoch auch eine Gruppe von Bewohnern Włodawas. Ich erzählte auch von den „Schürfplätzen", die ja direkt danach erscheinen sollten. Es entwickelte sich eine sehr interessante Diskussion. Die Bewohner kannten sich sehr gut in dem Thema aus, mit dem ich mich beschäftigte. In der Diskussion gab es keine Vorwürfe oder Beschuldigungen gegen mich als Autor, sondern eher eine bittere Reflexion.

Als die „Schürfplätze" herauskamen, gab es auch Kommentare auf verschiedenen Foren und auf Facebook, in denen versucht wurde, mich als Autor zu diskreditieren. Vorwurfsvoll wurde formuliert: „Das ist doch alles Lüge." „Warum darüber schreiben, warum uns, die Polen, in einem schlechten Licht darstellen, die Vernichtungslager waren doch schließlich eine Tat der Deutschen."

Ich bekam auch einzelne E-Mails und Nachrichten auf Facebook mit ähnlichem Inhalt, viel mehr jedoch bekomme ich von bewegten Lesern, die mir ihre Meinung nach der Lektüre des Buchs mitteilen wollten. Ich fühlte mich nicht überhäuft mit solchen Hasstiraden, die vergleichbar wären mit dem, was polnische Holocaustforscher über sich ergehen lassen müssen. Die werden in öffentlichen Staatsmedien angegriffen, die – von der rechten Regierung kontrolliert – eine Geschichtspolitik verfolgen, derzufolge Polen während des Zweiten Weltkriegs ausschließlich Helden oder Opfer gewesen waren.

Das Gespräch führten Steffen Hänschen und Florian Ross im März 2021.

Quellen- und Literaturverzeichnis

Die Grundlage der Reportagen, die in dieses Buch aufgenommen wurden, sind Gespräche, die ich geführt habe, Archivmaterialien, die sich in erster Linie im Bestand des Instituts für Nationales Gedenken (Instytut Pamięci Narodowej, IPN) und im Archiv des Bezirksgerichts in Włodawa befinden, sowie Presseartikel aus den 1950er- und 1960er-Jahren. Die Informationen über die Opfer des Vernichtungslagers Bełżec habe ich unter anderem aus dem Buch *Jedes Opfer hat einen Namen* [Każda ofiara ma imię] von Ewa Koper entnommen. Für die Darstellung der Gegenstände, die bei den archäologischen Arbeiten in Sobibór gefunden wurden und im Buch erwähnt werden, habe ich mich auf das Buch *Aus der Asche hervorgeholt* [Wydobyte z popiołów] gestützt.

Archive

Ghetto Fighters' House Archives, Western Galilee, Israel

Archiv des Instituts für das Nationale Gedenken (IPN)
Akten zu den Grabräubern in Bełżec:

- LU 257/26 Bd. 1–2 (1958)
- LU 257/129 (1959)
- LU 257/130 Bd. 1–2 (1959)

Andere Materialien zu Bełżec:
Korrespondenz des Hauptkommandanten der Bürgermiliz mit dem Vorsitz der Hauptverbands der Kämpfer für Demokratie und Freiheit (ZBoWiD), betreffend das Aufwühlen der Gräber auf dem Gelände des ehemaligen Vernichtungslagers:

- BU 3808/34

Liste der Ermittlungen und Untersuchungen, die die Wache der Bürgermiliz in Bełżec von 1945 bis 1954 einleitete:

- LU 0295/10
- LU 0295/23
- LU 0295/30

Materialien der Kreiskommission der Untersuchung der Deutschen Verbrechen in Lublin:

- LU 503/103/DVD

Materialien der Kreiskommission der Untersuchung der Hitler'schen Verbrechen in Lublin:

- LU 501/69 und LU 501/70

Liste der Ermittlungen und Untersuchungen, die die Bürgermiliz in Tomaszów Lubelski von1949 bis 1952 durchführte:

- Lu 0295/14

Liste der Ermittlungen und Untersuchungen, die die Bürgermiliz in Lubycza Królewska von 1949 bis 1952 durchführte:

- Lu 0295/38

Personalakten der Angehörigen der Bürgermiliz:

- Lu 0288/789
- Lu 0297/107

- Lu 0288/423
- Lu 0288/1252

Ermittlungsakten zu den Grabräubern in Sobibór:
- Lu 257/115 Bd. 1-2 (1960)
- Lu 257/132 Bd. 1-2 (1960)
- Lu 0532/62 (1978)
- Lu 574/355 (1978)
- Lu 607/ 288 (1985)
- Lu 607/289 (1985)
- Lu 607/397 (1985)

Sonstige Materialien in Bezug auf Sobibór:
Materialien der Kreiskommission der Untersuchung der Deutschen Verbrechen in Lublin:
- LU 497/46

Materialien zu den Fotos der Grabräuber in Treblinka:
- Gd 05/147 Bd. 2 (Sammlung, aus der die Fotos stammen).

Sonstige Materialien, die ich hierzu durchgesehen habe:
Dokumente der Hauptkommission zur Untersuchung der Hitler'schen Verbrechen in Polen:
- Gk 162/1176

Erinnerungen und Berichte von Angehörigen der Bürgermiliz und der Sicherheitsorgane:
- BU 2241/71
- BU 2241/79
- BU 2241/292
- BU 2241/293
- BU 2241/294

Materialien der Kreisbehörde des Amts für Öffentliche Sicherheit in Ostrów Mazowiecka in den Jahren 1944 bis 1946:
- BU 022/22
- BU 022/23

Materialien des Amts für Öffentliche Sicherheit in Sokołów Podlaski:
- BU 0255/325

Materialien zu den Ausstellungen aus Anlass des 15. Jahrestags der Bürgermiliz (MO) und des Sicherheitsdienstes (SB):
- BU 246/29
- BU 0326/223

Materialien zu den Ausstellungen aus Anlass des 20. Jahrestags der Bürgermiliz (MO) und des Sicherheitsdienstes (SB):
- BU 01373/23
- Gd 05/110

Materialien zu den Ausstellungen aus Anlass des 23. und 25. Jahrestags der Bürgermiliz (MO) und des Sicherheitsdienstes (SB):
- BU 0326/313

Materialien zu den Ausstellungen und Umzügen aus Anlass des 25. Jahrestags der Bürgermiliz (MO) und des Sicherheitsdienstes (SB):
- Bi 045/377
- BU 0326/423
- BU 01373/19 Bd. 2
- Gd 04/105/7/DVD
- Gd 05/147/1/DVD

Materialien zu den Ausstellungen aus Anlass des 30. Jahrestags der Bürgermiliz (MO) und des Sicherheitsdienstes (SB):

- BU 024/244
- BU 0326/469
- BU 01373/2
- BU 01373/10
- BU 01373/14

Projekt des Katalogs zur Geschichte des Sicherheitsdienstes (SB) und der Bürgermiliz (MO):

- BU 01373/21

Inventar des Fotosammlung des Archivs des „Büros C“ des Innenministeriums (MSW):

- BU 01476/96 Bd. 8

Archiv des Bezirksgerichts in Włodawa

Akte zu den Grabräubern in Sobibór:

- II K 877/79 (1978)
- II K 163/85 (1985)

Muzeum i Miejsce Pamięci w Bełżcu
[Museum und Gedenkstätte in Bełżec]

Muzeum i Miejsce Pamięci w Sobiborze
[Museum und Gedenkstätte in Sobibór]

Ośrodek Brama Grodzka – Teatr NN

Staatsarchiv Lublin, Amt der Wojewodschaft in Lublin, Gesellschaftspolitische Abteilung, Materialien zu Bełżec:

- 698/46

United States Holocaust Memorial Museum, Washington

Yad Vashem – Internationale Holocaust Gedenkstätte, Jerusalem

Internetseiten

Alle Internetquellen wurden, sofern nicht anders angegeben, zuletzt am 12. Juli 2022 aufgrufen und geprüft.

Center for Jewish History Digital Collections
https://access.cjh.org/home.php?type=extid&term=505727#1 [1. 10. 2019]

Geni
Henrik Edelist, https://www.geni.com/people/Henrik-Edelist/6000000020294313095?through=6000000003695655857.
Jakob Edelist, https://www.geni.com/people/Jakob-Edelist/6000000003695655857?through=6000000020294356022-
Rudolf Jaques Karp, https://www.geni.com/people/Jaques-Karp/6000000011729946164#/tab/overview.

Genealogy Indexer/
Adressbuch der Stadt Krakau 1932, http://genealogyindexer.org/frame/d696/445.

Ghetto Fighters House Archives
http://www.infocenters.co.il/gf h/notebook_ext.asp?book=34843&lang=eng&site=gfh.

Internetowy Polski Słownik Biograficzny
https://www.ipsb.nina.gov.pl/a/biografia/marian-rybicki.

Lasy Państwowe – Nadleśnictwo Chełm
www.chelm.lublin.lasy.gov.pl/widget/historia/-/asset_publisher/1M8a/content/almanach/maximized#.XEe8MVVKjIU.

Muzeum i Miejsce Pamięci w Bełżcu
www.belzec.eu.

Muzeum i Miejsce Pamięci w Sobiborze
www.sobibor-memorial.eu

Ośrodek Brama Grodzka – Teatr NN
http://biblioteka.teatrnn.pl/dlibra/dlibra/doccontent?id=99928&dirids=1.

Roztocze.net Regionalny Dziennik Internetowy, https://roztocze.net/pl/

United States Holocaust Memorial Museum
https://encyclopedia.ushmm.org/content/en/id-card/josef-litwak
https://encyclopedia.ushmm.org/content/en/id-card/kathe-ert-reichstein.
https://encyclopedia.ushmm.org/content/en/id-card/rozia-susskind.

Yad Vashem – The World Holocaust Remembrance Center
https://www.yadvashem.org/blog/who-was-karoline-cohn.html.

Literatur

Bem, Marek, Sobibór. Obóz Zagłady [Vernichtungslager] 1942–1943, Warszawa 2014.

Bialowitz, Philip/Bialowitz, Joseph, A Promise at Sobbór: A Jewish Boy's Story of Revolt and Survival in Nazi-Occupied Poland, Madison (Wisc.) 2010.

Buryła, Sławomir, Tematy (nie)opisane [(Un)beschriebene Themen], Kraków 2013.

Canin [Tsanin], Mordechaj, Przez ruiny i zgliszcza. Podróż po stu zgładzonych gminach żydowskich w Polsce [Durch Ruinen und Trümmer. Eine Reise durch hundert zerstörte Jüdische Gemeinden in Polen], Warszawa 2018.

Dziuban, Zuzanna, The Politics of Human Reamains at the ‚Peripheries of the Holocaust', in: Dapim: Studies on the Holocaust 29 (2015) 3, S. 154–172.

Gross, Jan Tomasz/Grudzińska-Gross, Irena, Angst. Antisemitismus nach Auschwitz in Polen. Aus dem Poln. von Friedrich Griese unter Mitarb. von Ulrich Heiße, Berlin 2012.

Kola, Andrzej, Hitlerowski obóz zagłady Żydów w Bełżcu w świetle źródeł archeologicznych: badania 1997–1999 [Das Hitler'sche Vernichtungslager für Juden in Bełżec im Angesicht archäologischer Quellen: Untersuchungen 1997–1999], Warszawa 2000.

Koper, Ewa, Każda ofiara ma imię [Jedes Opfer hat einen Namen], Lublin 2014.

Kranz, Tomasz (Hrsg.), Wydobyte z popiołów. Przedmioty osobiste ofiar niemieckiego obozu zagłady w Sobiborze [Aus der Asche hervorgeholt. Persönliche Gegenstände der Opfer des deutschen Vernichtungslagers Sobibór], Lublin 2018.

Kuwałek, Robert, Das Vernichtungslager Bełżec, Berlin 2013.

– Były obóz koncentracyjny na Majdanku i miejsca po obozach zagłady na Lubelszczyźnie w prasie i świadomości mieszkańców (1944–1956) [Das ehemalige Konzentrationslager Majdanek in der Presse und im Bewusstsein der Bewohner (1944–1956)], in: Słowa w służbie nienawiści [Worte im Dienst des Hasses], Red. Alicja Bartuś, Oświęcim 2013.

Libionka, Dariusz (Hrsg.), Obóz Zagłady w Bełżcu w relacjach ocalonych z zeznaniach polskich świadków [Das Vernichtungslager Belzec in Berichten von Überlebenden und Aussagen von polnischen Zeugen], Lublin 2013.

– Die Ermordung der Juden im Generalgouvernement. Aus dem Polnischen von Steffen Hänschen, Berlin 2021.

Lis, Daniel (Hrsg.), Wokół „Złotych Żniw". Debata o ksiażce Jana Tomasza Grossa i Ireny Grudzińskiej-Gross [Um die „Goldene Ernte". Die Debatte um das Buch von Jan Tomasz Gross und Irena Grudzińska-Gross], Kraków 2011.

Rusiniak, Martyna, Obóz zagłady Treblinka II w pamięci społecznej (1943–1989) [Das Vernichtungslager Treblinka II in der öffentlichen Erinnerung], Warszawa 2008.

– Okres profanacji i zapomnienia. Treblinka II [Die Zeit der Schändung und des Vergessens. Treblinka II], in: Edward Kopówka (Hrsg.), Co wiemy o Treblince? Stan badań [Was wissen wir über Treblinka? Forschungsstand], Siedlce 2013.

Wóycicka, Zofia,Przerwana żałoba. Polskie spory wokół pamięci nazistowskich obozów koncentracyjnych i zagłady 1944–1950, Warszawa 2009 (englische Ausgabe: Arrested Mourning. Memory of the Nazi Camps in Poland, 1944–1950, Frankfurt a. M. 2013.

Zaremba, Marcin, Die große Angst. Polen 1944–1947. Leben im Ausnahmezustand, Paderborn 2016.

Presse

Kurier Lubelski, 1957–1960

Sztandar Ludu, 1956–1960

Aderet Ofer, The Archaeologists Excavating Nazi Death Camps in Search of Holocaust Victims' Untold Stories, in: Haaretz, 25. November 2017, https://www.haaretz.com/archaeology/2017-11-25/ty-article-magazine/.premium/excavating-nazi-death-camps-in-search-of-holocaust-victims-stories/0000017f-f347-df98-a5ff-f3efffba0000.

Axelrod, Toby, Girl's pendant found at Sobibor reunites Jewish family spread across the globe, in: The Times of Israel, 10. November 2017, https://www.timesofisrael.com/girls-pendant-found-at-sobibor-reunites-jewish-family-spread-across-the-globe/.

Bielas, Katarzyna/Mularczyk, Andrzej, Czarny profil świata, in: Gazeta Wyborcza, Duży Format, 24. Dezember 2014, Nr. 298.

Kącki, Marcin, Wszyscy kopali tom i ja, in: Gazeta Wyborcza, 9. Juli 2011, Nr. 158. (Die Auswahl der wichtigsten Pressetexte, die nach der Veröffentlichung der Bücher „Złote żniwa" [Goldene Ernte] und „Wokół złotych żniw" [„Um die Goldene Ernte"] publiziert wurden.)

Jaworski Adam, Po drugiej stronie życia [Auf der anderen Seite des Lebens], „Kronika Tygodnia", in: Roztocze.net Regionalny. Dziennik Internetowy, http://roztocze.net/newsroom.php/20871_Po_drugiej_stronie_%C5%BCycia_.html [12. 2. 2019].

Mazur Małgorzata, Listy znad grobu [Briefe aus dem Grab], in: Tygodnik Zamojski, 7. April 2010, http://www.tygodnikzamojski.pl/artykul/15945/listy-znad-grobu.html.

Szlachetka Małgorzata, Czy w Sobiborze została znaleziona zawieszka koleżanki Anny Frank? [Wurden in Sobibór der

Anhänger von Anne Franks Freundin gefunden?], in: Kurier Lubelski, 23. Januar 2017, https://kurierlubelski.pl/czy-w-sobiborze-zostala-znaleziona-zawieszka-kolezanki-anny-frank/ar/11716860.

Szlachetka Małgorzata, Pamięć o pomordowanych. Wystawa w muzeum w Bełżcu, in: Gazeta Wyborcza Lublin, 17. März 2010, https://lublin.wyborcza.pl/lublin/7,48724,7673643,pamiec-o-pomordowanych-wystawa-w-muzeum-w-belzcu.html.

Waxman B. Olivia, A Young Holocaust Victim Left Behind a Clue That Would Reunite Her Family Decades Later, in: Time, 12. November 2017, https://time.com/5010303/holocaust-pendant-family-reunion/.

Radio

Gmiterek-Zabłocka Anna, „Gorączka złota" w Bełżcu. Relacje świadków [„Goldfieber in Bełżec". Zeugenberichte], in: Radio TOK FM http://www.tokfm.pl/Tokfm/1,103085,9084599,goraczka-zlota-w-belzcu-relacje-swiadkow-posluchaj.html [1. 10. 2019].

Dank

Bei der Arbeit an diesem Buch haben mir viele Leute herzlich geholfen. Für ihre Unterstützung besonders bedanken möchte ich mich bei Joanna Batorska, Małgorarzata Bielicka-Hołda, Mariusz Burchartów, Bożena Gawrońska, Paweł Goźliński, Magdalena Kicińska, Adam Kopciowski, Paweł Krysiak, Dariusz Libionka, Ariadna Machowska, Wojciech Mazurek, Dorota Nowak, Michał Pielak, Tomasz Pietrasiewicz, Piotr Sewruk, Małgorzata Skowrońska, Mariusz Szczygieł, Henryk Wolańczyk, Joanna Żarnoch-Chudzińska und vor allem Monika Sawka, die mir drei Jahre lang bei allem zur Seite stand.

Zum Autor

Paweł Piotr Reszka (geb. 1977) hat Geschichte an der Maria-Curie-Skłodowska-Universität in Lublin studiert und ein Aufbaustudium in Journalismus an der Universität Warschau absolviert. Er ist Reporter für „Duży Format“ und langjähriger Mitarbeiter der „Gazeta Wyborcza“ in Lublin, Gewinner des Ryszard-Kapuściński-Preises für literarische Reportagen für das Buch „Diabeł i tabliczka czekolady“ („Der Teufel und eine Tafel Schokolade“) (Agora 2015) und viermal nominiert für den Großen Pressepreis in der Kategorie Pressereportage.

Sein Buch „Płuczki. Poszukiwacze żydowskiego złota“ (Agora 2019) war in der Endrunde des Nike 2020 Literary Award, des Gdynia 2020 Literary Award, des Angelus 2020 Central European Literary Award, bei Grand Press 2020 – Reporters' Book of the Year und des Newsweek Award der Stiftung Teresa Torańska und wurde für den Ryszard-Kapuściński-Preis und für den POLITYKA History Award nominiert.

Sein jüngstes Buch, eine Sammlung von Reportagen „Białe płatki, złoty środek. Historie rodzinne“, („Weiße Blütenblätter, die goldene Mitte. Familiengeschichten“) erschien im Juni 2021 bei Agora.

Das Bildungswerk Stanisław Hantz e. V.

Das Bildungswerk Stanisław Hantz e. V. arbeitet seit 1995 mit einem Fokus auf Bildungs- und Erinnerungsprojekten an einstigen Tatorten des Holocaust in Mittel-Ost-Europa. Benannt nach einem Überlebenden des Konzentrations- und Vernichtungslagers Auschwitz-Birkenau, ist das Bildungswerk besonders diesem Ort verpflichtet, versucht aber auch, den Blick auf die „vergessenen" und unbekannten Orte zu lenken, und organisiert Projekte in Polen, Litauen und der Ukraine. Nachdem in den ersten Jahren Überlebende aus mehreren Ländern einen zentralen Stellenwert in seiner Arbeit hatten, konzentrieren sich die Aktivitäten heute stärker auf die Forschung zum Holocaust und in Zusammenarbeit mit lokalen Partnern auf die Einrichtung von Erinnerungsorten.

Seit 1998 reisen wir jährlich an die Orte der ehemaligen Mordlager in Ostpolen: Bełżec, Sobibór und Treblinka. Auf der „Reise zu den vergessenen Lagern der ‚Aktion Reinhard'" genannten Bildungsfahrt sprechen wir mit Dorfbewohner:innen über die Zeit der deutschen Besatzung, treffen uns mit Historiker:innen und Mitarbeiter:innen von Gedenkstätten, die über ihre Arbeit berichten. Wir tauschen uns mit den Teilnehmer:innen über die Erfahrungen und das Leid der Verfolgten aus, beschäftigen uns aber auch mit der Biografie und Nachkriegsgeschichte der Täter:innen. Wir sind bemüht, die Geschichte der nationalsozialistischen Verfolgungs- und Vernichtungspolitik aus verschiedenen Blickwinkeln zu betrachten. Nationalsozialismus und Holocaust allein in ihrer historischen Dimension zu sehen, ist uns zu wenig. Wir versuchen, die sozialen und politischen Auswirkungen bis heute nachzuzeichnen. Unser Ziel ist es, die Erinnerung an die deutschen Verbrechen im Zweiten Weltkrieg und der Shoah nicht in Vergessenheit geraten zu lassen.

Eine Aufschüttung mit symbolischen Eisenbahnschwellen aus Beton ist der Mittelpunkt des Gedenkortes Stacja Treblinka. Sie befindet sich an der Stelle, an der das Nebengleis lag, von dem die Jüdinnen und Juden weiter in die Mordstätte gefahren wurden. Foto: September 2020.
Archiv Bildungswerk Stanisław Hantz

An vielen Orten unserer Arbeit beteiligen wir uns an Gedenk- und Erinnerungsinitiativen, wenn möglich gemeinsam mit lokalen Partner:innen. So hat das Bildungswerk die Errichtung eines Gedenkorts an der ehemaligen Bahnstation Treblinka mit auf den Weg gebracht und finanziell unterstützt. Von Juli 1942 bis August 1943 war die Stacja ein Ort zwischen Leben und Tod. Hunderttausende Jüdinnen und Juden mussten nach der Ankunft am Bahnhof in Zügen darauf warten, in den Tod geführt zu werden. Es war uns ein Anliegen, den Ort und die Erinnerung an die in den Zügen eingepferchten Jüdinnen und Juden nicht mit dem historischen Ort verschwinden zu lassen. Die Gedenkstätte Treblinka hat die Arbeiten an dem Gedenkort im September 2020 abgeschlossen. Errichtet wurde eine symbolische Rampe mit einem Gedenkstein, ergänzt um Informationen zu dem Bahnhof.

Weitere Informationen unter: www.bildungswerk-ks.de.

Reihe Zeitgeschichte*N*

Herausgegeben von Sonja Häder und Ulrich Wiegmann

Band 1

Ulrich Wiegmann

Machtprobe

Die Staatssicherheit und der Kampf um die Schule in M…z

2003 · ISBN: 978-3-936411-21-8 · 160 Seiten · 14,00 Euro

Band 2

Annette Leo

Umgestoßen

Provokation auf dem Jüdischen Friedhof in Berlin Prenzlauer Berg 1988

2005 · ISBN: 978-3-938690-06-2 · 156 Seiten · 16,00 Euro

Band 3

Heinz Schneppen

Odessa und das Vierte Reich

Mythen der Zeitgeschichte

2007 · ISBN: 978-3-938690-52-9 · 280 Seiten · 19,00 Euro

Band 4

Sebastian Richter

Norm und Eigensinn

Die Selbstlegitimation politischen Protests in der DDR 1985–1989

2007 · ISBN: 978-3-938690-62-8 · 223 Seiten · 18,00 Euro

Band 5

Wanja Hargens

Der Müll, die Stadt und der Tod

Rainer Werner Fassbinder und ein Stück
deutscher Zeitgeschichte

2010 · ISBN: 978-3-938690-81-9 · 277 Seiten · 19,00 Euro

Band 6

Angelika Benz

Der Henkersknecht

Der Prozess gegen John (Iwan) Demjanjuk in München

2011 · ISBN: 978-3-86331-011-0 · 248 Seiten · 19,00 Euro

Band 7

Heinz Schneppen

Walther Rauff

Organisator der Gaswagenmorde
Eine Biografie

2011 · ISBN: 978-3-86331-024-0 · 232 Seiten · 19,00 Euro

Band 8

Sergei Kropachev

Von der Lüge zur Aufklärung

Verluste durch „Großen Terror“ und Krieg
in der sowjetischen und russischen Historiografie

2011 · ISBN: 978-3-86331-056-1 · 207 Seiten · 19,00 Euro

Band 9

Armin Fuhrer

Tod in Davos

David Frankfurter und das Attentat auf Wilhelm Gustloff

2012 · ISBN: 978-3-86331-069-1 · 192 Seiten · 19,00 Euro

Band 10

Markus Roth · Annalena Schmidt

Judenmord in Ostrów Mazowiecka

Tat und Ahndung

2013 · ISBN: 978-3-86331-120-9 · 144 Seiten · 16,00 Euro

Band 11

Patricia Pientka

Das Zwangslager für Sinti und Roma in Berlin-Marzahn

Alltag, Verfolgung und Deportation

2013 · ISBN: 978-3-86331-159-9 · 239 Seiten · 19,00 Euro

Band 12

Adriaan in 't Groen

Jenseits der Utopie

Ostprofessoren der Humboldt-Universität und
der Prozess der deutschen Einigung

2013 · ISBN: 978-3-86331-160-5 · 192 Seiten · 19,00 Euro

Band 13

Matthias Steinbach

Der Fall Hodler

Krieg um ein Gemälde 1914–1919

2014 · ISBN: 978-3-86331-197-1 · 125 Seiten · 14,00 Euro

Band 14

Peter Jochen Winters

Den Mördern ins Auge gesehen

Berichte eines jungen Journalisten
vom Auschwitz-Prozess 1963–1965

2015 · ISBN: 978-3-86331-253-4 · 236 Seiten · 19,00 Euro

Band 15

Christian Dürr

„Verschwunden“

Verfolgung und Folter unter der argentinischen Militärdiktatur (1976–1983)

2016 · ISBN: 978-3-86331-279-4 · 221 Seiten · 19,00 Euro

Band 16

Miriam Schulz

Der Beginn des Untergangs

Die Zerstörung der jüdischen Gemeinden in Polen und das Vermächtnis des Wilnaer Komitees

2016 · ISBN: 978-3-86331-312-8 · 308 Seiten · 22,00 Euro

Band 17

Matthias Steinbach

Von der Spiegelgasse in den Kreml

Lenins Reise nach Russland 1917. Szenische Lesung in zwei Akten

2017 · ISBN: 978-3-86331-341-8 · 139 Seiten · 16,00 Euro

Band 18

Philipp Dinkelaker

Das Sammellager in der Berliner Synagoge Levetzowstraße 1941/42

2017 · ISBN: 978-3-86331-339-5 · 291 Seiten · 19,00 Euro

Band 19

Aleksandr Petscherski

Bericht über den Aufstand in Sobibor

Herausgegeben und übersetzt von Ingrid Damerow

2018 · ISBN: 978-3-86331-387-6 · 137 Seiten · 19,00 Euro

Band 20

Christoph Schmidt (Hrsg.)

„Einsam und wie weggeworfen". Briefe aus Russland 1943

2018 · ISBN: 978-3-86331-394-4 · 267 Seiten · 22,00 Euro

Band 21

Christoph Schmidt

Absturz zur Wirklichkeit. Die Eroberung Berlins 1945

2020 · ISBN: 978-3-86331-466-8 · 212 Seiten · 19,00 Euro

Band 22

Jens Dobler

Polizei und Homosexuelle in der Weimarer Republik

Zur Konstruktion des Sündenbabels

2020 · ISBN: 978-3-86331-519-1 · 220 Seiten · 19,00 Euro

Band 23

Christoph Schulze

Rassismus in nationalsozialistischer Tradition

Jürgen Rieger (1946–2009)

2020 · ISBN: 978-3-86331-544-3 · 144 Seiten · 16,00 Euro

Band 24

Christoph David Piorkowski

Erzählen vom Unaussprechlichen

Über Leben und Werk von Primo Levi und Jean Améry

2022 · ISBN: 978-3-86331-645-7 · 107 Seiten · 14,00 Euro

Band 25

Robert Jütte

Bücher im Exil: Lebensspuren ihrer jüdischen Besitzer

2022 · ISBN: 978-3-86331-658-7 · 262 Seiten · 19,00 Euro